W0173498

Roland R. Geisselhart • Christiane Burkart

Unter Mitarbeit von Dr. phil. S. Musmeci

Gedächtnis-Power

Roland R. Geisselhart · Christiane Burkart

Unter Mitarbeit von Dr. phil. S. Musmeci

Gedächtnis-Power

- ▶ Bildhaftes Denken
- ▶ Kreativität
- ▶ Intelligenz

2. Auflage

Die Deutsche Bibliothek - CIP-Einheitsaufnahme

Geisselhart, Roland R.:
Gedächtnis-Power : bildhaftes Denken, Kreativität, Intelligenz /
Roland R. Geisselhart ; Christiane Burkart. Unter Mitarb. von
S. Musmeci. - 2., unveränderte Auflage - Offenbach:
GABAL, 1998
    ISBN 3-930799-39-1
NE: Burkart, Christiane

Lektorat: Ute Flockenhaus, Fischerhude (b. Bremen)
Titel-Illustration: Udo Leuchtmann, Bremen
Cover: image team, Bremen
Satz und Layout: image team, Bremen
Druck und Verarbeitung: Salzland Druck, Staßfurt

© 1997 GABAL Verlag GmbH, Offenbach

Alle Rechte vorbehalten. Vervielfältigung, auch
auszugsweise, nur mit schriftlicher Genehmigung des
Verlages.

Verlagsinformationen:
Jünger Service, Schumannstr. 161, 63069 Offenbach
Tel.: 069/84 00 03-22 (-0)   Fax: 069/84 00 03-33

Inhaltsverzeichnis

Einleitung: Warum dieses Buch?

„Gewußt wie" ist das Ziel dieser Anwendung. Denn Gedächtnistraining gewinnt seine Bedeutung vor allem durch die Anwendung, und die kann in der Praxis bedeutungsvoller sein, als man zunächst denkt.

Gewußt wie!

Gedächtnistraining ist nicht nur Hobby oder Beschäftigungstherapie für Senioren; gerade in den oberen Etagen von Wirtschaft und Management werden die Fähigkeiten, die sich durch Gedächtnistraining ausbilden lassen, in Zukunft mehr gefragt sein als je zuvor.

Gedächtnistraining im Management

Noch nie in der Geschichte der Menschheit hatten wir Zugang zu so vielen Informationen wie heute. Diese Menge an Wissen kann erdrückend wirken, wenn sie nicht geordnet und praxisbezogen umgestaltet wird. Und genau hier liegt die Chance für den Einzelnen: in der persönlichen Wissensoptimierung. Hier liegt auch die Zukunftschance für jede einzelne Firma (unabhängig von ihrer Größe) und, global gesehen, für die Neugestaltung von Zukunftsmärkten.

Wissensoptimierung

In Zeiten, wo Wachstumsmärkte stagnieren und rezessives Denken vorherrscht, läßt die Motivation der Mitarbeiter oftmals zu wünschen übrig. Hier ist die persönliche Entwicklung, zum Beispiel durch Gedächtnistraining und die daraus resultierenden Fähigkeiten im Umgang mit Wissen, als Motivationsfaktor angesagt.

Gedächtnistraining als Motivationsfaktor

Nach einem Artikel des *Manager Magazins* (10/1996, S. 132 ff.) ist es einfach, Schuldige zu finden, die für die wirtschaftliche Misere verantwortlich sind, dies sind: *„(...) je nach Couleur des Vortragenden: die einfallslosen Manager, die Globalisierung der Wirtschaft, die Herz-Jesu-Fraktion in der CDU, der Flächentarifvertrag, die Technikfeindlichkeit der Deutschen, das Ladenschlußgesetz oder die kaltherzigen Vernichter des Sozialstaats. Eines ist den meisten dieser Stimmen aber gemein: Sie finden einen Schuldigen. Nur wenige schauen nach den Chancen, die sich in der aktuellen Situation bieten."*

Wissenswachstum – die größte Chance für Unternehmen

Die größte Chance und damit *„die Zukunft der Unternehmen liegt im geschickten Umgang mit Wissen"*. Denn, wie sagte doch Hölderlin: *„Wo aber Gefahr ist, wächst das Rettende auch."* Das Rettende ist in diesem Fall Wissenswachstum und natürlich der effektive Umgang der Menschen mit diesem neuen Wissen:

„So lernen Menschen aus Erfahrungen. Die lernende Organisation muß ein gutes Gedächtnis haben. In erfolgreichen Organisationen schaut jeder zuerst im eigenen Unternehmen nach, ob ein anderer etwas weiß oder etwas ähnliches schon gemacht hat. Das schafft ein institutionelles Gedächtnis, eine große Menge schnell verfügbaren Wissens." (Manager Magazin 10/1996, S. 134)

Die Zukunft beginnt im Kopf

Die Zukunft beginnt also im Kopf. Und wenn das Verstehen und Umsetzen dort stattgefunden hat, ist das nächste, was benötigt wird, ein System zur Erhaltung dieser Erfahrungen – ein gutes *Gedächtnis*. Das „Gewußt wie" beginnt also im Kopf jedes Einzelnen, im Kopf der Mitarbeiter einer Firma und sogar schon im Kopf der Kinder.

Deshalb sollten Gedächtnisseminare nicht von Anfängern oder ehemaligen Seminarteilnehmern gehalten werden, sondern von erfahrenen Gedächtnistrainern, die das entsprechende Wissen und die Fähigkeiten haben und dies auch in der jeweiligen Branche einsetzen können.

Ein effektives Gedächtnistraining, um für die Aufgaben und Anforderungen der Zukunft gewappnet zu sein – das ist es, was wir Ihnen in diesem Buch vermitteln wollen.

Was erwartet Sie in diesem Buch?

Wer in Bildern denkt, vergißt nichts! Dies ist die Hauptthese, die das Prinzip dieses Buches schnell und einfach auf einen Nenner bringt. Das Lernen mit Hilfe der Phantasie, das Denken und Vorstellen in Bildern und schließlich das Einprägen und Wiedererinnern der wichtigen Aspekte steigert die Kreativität, vermehrt die Erfolgserlebnisse und führt schließlich zu einer breiten Entfaltung der Persönlichkeit.

In Bildern denken

Jeder Mensch kann die Möglichkeiten seines Gehirns noch besser nutzen. Das Geheimnis zu einem besseren Gedächtnis und größerer Konzentration und Kreativität liegt in der effektiveren Nutzung der rechten Gehirnhälfte: Nach wissenschaftlichen Erkenntnisssen haben hier Intuition, Phantasie und bildhaftes Denken ihren Sitz. Die meisten Menschen aber nutzen eher die linke Hirnhälfte, die schwerpunktmäßig für logisch-lineares, analytisches Denken zuständig ist. Durch

Nutzen Sie beide Gehirnhälften!

das bewußte und lebendige Zusammenspiel beider Hälften läßt sich das gesamte geistige Potential ausschöpfen und eine psychische Balance schaffen, die sich auf alle Lebensbereiche positiv auswirkt.

Phantasie steigert die Merkfähigkeit

Wir wollen Ihnen zeigen, wie Sie durch einfaches Visualisieren, bildhaftes Denken und mit viel Spaß und Phantasie Ihre rechte Gehirnhälfte „spielend" aktivieren können. Durch die Anwendung von bildhaften Vorstellungen können Sie Konzentration und Kreativität trainieren; Sie entlasten Ihr Gedächtnis bei gleichzeitiger Steigerung Ihrer Merkfähigkeit und Ihres gesamten geistigen Leistungspotentials.

Unsere Methode eröffnet Ihnen eine neue Dimension des Denkens und des schöpferischen Arbeitens!

Gedächtnistraining bei Pythagoras

Schon Pythagoras und seine Anhänger beschäftigten sich intensiv mit Funktion und Bedeutung von Gedächtnistraining, wie die folgende Passage sehr schön beschreibt:

„Das Gedächtnis
Sie glaubten, daß man alles, was gelehrt und gesagt werde, im Gedächtnis behalten und (dabei) bis zu dem Punkt die Kenntnisse und Lehrsätze aufspeichern (müsse), bis zu welchem es das im Gedächtnis behaltende und lernende (Wesen) nur irgend aufzunehmen vermöge, weil man mittels

dessen (des Gedächtnisses) erkennen und in ihm das Erkannte bewahren müsse. Sie hielten daher das Gedächtnis für sehr bedeutungsvoll, pflegten es viel zu üben und verwandten viel Sorgfalt darauf und entließen beim Lernen den Schüler nicht eher, bevor er die ersten Grundlagen des Lernens fest erfaßt hatte; sie übten dabei auch das Sichwiedererinnern an das tagsüber Gesprochene. Ein Pythagoreer erhob sich nicht eher von seinem Lager, bevor er nicht das am Vortag Geschehene sich wieder im Gedächtnis erweckt hatte. Diese (Methode) der Wiedererinnerung aber betrieb er folgendermaßen: Er versuchte in seinem Geiste sich zu wiederholen, was er zuerst gesagt oder gehört oder was er seiner Umgebung nach dem Aufstehen aufgetragen hatte, und dann was er als zweites und drittes (getan) habe. Denn er versuchte sich alles, was sich einen Tag über zugetragen hatte, im Geiste wiederherzustellen, indem er sich bemühte, der Reihenfolge nach, wie die Dinge eines nach dem anderen sich zugetragen hatten, sich darauf zu besinnen. Denn in bezug auf Wissen, Erfahrung und vernunftmäßige Erkenntnis gibt es nichts Besseres als die Kraft des Gedächtnisses."
(Aus: Die Anfänge der abendländischen Philosophie. München, 1991, S. 66)

In diesem Sinne wollen wir Ihnen unser Gedächtnistraining ans Herz legen und wünschen Ihnen vor allem auch *viel Vergnügen* auf dem Weg, auf dem Sie Ihr Gedächtnis mit Phantasie und Freude zu ungeahnten Höchstleistungen führen können!

Wissen bewahren

Bildhaftes Denken

11

1. Die Grundlagen

Flexibles Braining garantiert Ihren Erfolg

„Wer ein gutes Vorstellungsvermögen hat, leicht neue Gedankenbilder kreiert und Informationen im Gedächtnis ordnen kann, der ist flexibel. Und wer flexibel ist, der hat Erfolg." – So stellt unser Team auf den über 2000 Seminaren und Vorträgen, die wir jährlich im gesamten deutschsprachigen Raum abhalten, in kurzen Worten unser Gedächtnistraining vor. Mit unserer *Braining-Methode* gelangen Sie spielend zu einem besseren Gedächtnis.

Was ist „Braining"?

Das Bild als „Suchbegriff"

Das menschliche Gedächtnis speichert in Bildern. Die aufgenommenen Informationen werden wie in einem Film- oder Bilderarchiv abgespeichert; das Bild fungiert als Register, als übergeordneter Suchbegriff, und der zugehörige Film speichert die ganzen Vorgänge, Abläufe, Gespräche etc. Die Braining-Methode nutzt und fördert diese grundlegende Tatsache; durch praktische Übungen in bildhafter Konzentration steigert sie Kreativität, Kombinationsfähigkeit und Erinnerungsvermögen um ein Vielfaches. Im folgenden sehen Sie, wie diese Methode funktioniert:

Erstes Beispiel: Die Einkaufsliste
Eine kleine Aufzählung von Gegenständen, wie zum Beispiel eine Einkaufsliste, kann man sich auch ohne fotografisches Gedächtnis gerade noch merken. Versuchen Sie es einmal mit folgenden Punkten:

- Milch
- Bananen
- Schinkenröllchen
- Kopfsalat
- Tomaten
- Melone
- Schokolade
- Schlagsahne

So mancher unter Ihnen wird bereits Schwierigkeiten haben, diese kleine Liste vollständig im Gedächtnis zu behalten. Sobald es mehr als sieben Informationen sind, die wir uns merken sollen, sind wir oft überfordert. Das ist wissenschaftlich erwiesen, und das hat zum Beispiel auch die Fernsehsendung *Am laufenden Band* von Rudi Carell wiederholt gezeigt.

Mehr als sieben Punkte lassen sich schwer einprägen ...

Die Braining-Methode ist verblüffend einfach: Wir verknüpfen die Gegenstände durch phantasievolle Kopplungen zu einer kleinen Geschichte. Das ist bereits der erste Schritt zu einem fotografischen Gedächtnis, mit dem Sie sich innerhalb kurzer Zeit auch Namen und Gesichter besser merken können!

... es sei denn, sie ergeben eine Geschichte

Testen Sie sich einmal selbst, bevor Sie mit der Lektüre fortfahren, und versuchen Sie, die Gegenstände von der Einkaufsliste in einer lustigen

Handlung miteinander zu verbinden: Stellen Sie sich das Geschehen möglichst bildhaft und plastisch vor, und wiederholen Sie die Verknüpfung einmal vorwärts und einmal rückwärts.

Phantasie und Lebendigkeit sind wichtig!

Je bewegter Sie dabei Ihre bildhafte Vorstellung entwickeln, um so kreativer werden Sie. Phantasie ist hier sehr erwünscht. Auch Kinder setzen beim Memory-Spiel ihre ganze Phantasie mit ein – und sind deshalb so erfolgreich! Unterschätzen Sie diese Übung nicht, weil Ihr Verstand Ihnen vielleicht sagt, sie sei kindisch und albern. Gerade in diesen einfachen Grundübungen liegt der Schlüssel zu unglaublichen Visualisierungserfolgen.

Ein fotografisches Gedächtnis entwickeln

Und wenn Sie diese einfachen Grundlagen und die weiteren Anleitungen dieses Buches ernst nehmen, werden Sie Ihr Erinnerungsvermögen zu einem sehr flexiblen und blitzschnell funktionierenden fotografischen Gedächtnis entwickeln – auf Ihren Fotoapparat können Sie anschließend verzichten!

Hier nun unser Vorschlag für die Geschichte von den Einkaufsposten:

Die Milch und die Bananen mixen wir zu Bananenmilch. In die Bananenmilch hüpfen zwei Schinkenröllchen, setzen sich den Salat als Kopfschmuck auf und bewerfen sich gegenseitig mit Tomaten. Der Sieger erhält die Melone, auf einer Tafel Schokolade dargereicht und mit Sahne garniert.

Mit dieser Geschichte können Sie sich die Einkaufsliste garantiert merken. Versuchen Sie es jetzt einmal, vorwärts und rückwärts.

Anwendung gibt Sicherheit und Flexibilität

Durch unsere Methode werden auch die Kinder, oft schon ab dem siebten Lebensjahr, in der Schule sicherer und besser; sie entdecken neue Motivationsquellen zum Lernen. So geht es auch vielen Erwachsenen, doch sie brauchen etwas länger dazu als die Kinder. Gerade in anschaulichen Fächern wie Geschichte, Erdkunde, Chemie und Physik, später auch in den Fremdsprachen, verbessern sich acht- bis achtzehnjährige Schüler mit der Braining-Methode sehr rasch. Das Training ist für Schüler wie für Erwachsene ein großer Schritt nach vorne.

Braining als Motivation für Kinder

Auch Sie werden sich in Kürze vieles besser merken können, zum Beispiel:

- 20 Posten einer Einkaufsliste
- eine Erledigungsliste mit 12 Positionen
- 15 Fernsehnachrichten (sinngemäß)
- 10-20 Argumente für eine Diskussion
- ein Vertragsprotokoll
- bei Bedarf Gesetzestexte
- Namen und Gesichter
- Äußerungen und Fakten zu Personen
  oder Sachen
und so weiter.

Später kommt noch jede Menge Abstraktes dazu: Zahlen, Auto- oder Kontonummern und ganze Sprachen werden Sie sich zunehmend leichter einprägen und nach Bedarf jederzeit flüssig und anwendbar wiedergeben können. Das wird Ihnen um so besser gelingen, je ausführlicher und konsequenter Sie das Grundlagentraining betreiben!

Je konsequenter das Training, desto größer der Erfolg!

Gedächtnistraining ist der erste Schritt auf dem Weg zum Erfolg

Eine kleine Vorausschau: Das Gedächtnistraining ist nur der Anfang: Sie werden dadurch automatisch besser in Ihrer Ausdrucksfähigkeit, flexibler im Dialog und sicherer in der Argumentation. Ihre Lernfähigkeit verbessert sich zunehmend, Sie werden automatisch alle Arten von Arbeitsabläufen und Situationen, Ähnlichkeiten und Gegensätzen bildhaft vergleichen, auswerten und zu Ihrem eigenen Nutzen exakter vorplanen. Kurzum: Sie entdecken geistige Fähigkeiten in sich, die Ihnen bisher noch gar nicht bewußt waren.

Sie sind auf dem besten Weg zu Ihrem persönlichen Erfolg!

Aus der Praxis entwickelt

Wir übertreiben nicht: Nach 20 Jahren der Forschung und Anwendung unserer Methode in nahezu allen Berufsgruppen und Personenkreisen haben wir aus der Erfahrung sicher das beste Gedächtnistraining entwickelt, das es auf der Welt gibt. Unsere Methode entwickelt Ihr Lernniveau besser, leichter und ausbaufähiger, als Sie es je vermutet haben. *Die Ergebnisse unseres Trainings lassen sich bei Spezialisierung auf eine Branche nochmals deutlich verbessern.*

Bitte haben Sie Verständnis dafür, daß wir das Training langsam und ausführlich angehen. Überspringen Sie die Übungen nicht. Denken Sie daran: *Sie üben für sich selbst!*

Und nun testen Sie, möglichst ohne zurückzublättern, ob Sie die kleine Einkaufsliste noch im Kopf haben. Mit den Bananen ging es los ...

Eine banale Einkaufsliste ist in der Regel kein überzeugendes Anwendungsbeispiel. Doch zum Üben am Anfang eignet sie sich sehr gut; wir werden später den Schwierigkeitsgrad stufenweise steigern, ähnlich wie es das folgende Modell der Praxisübertragung von 1 bis 10 zeigt:

Einfache Übungen für den Anfang

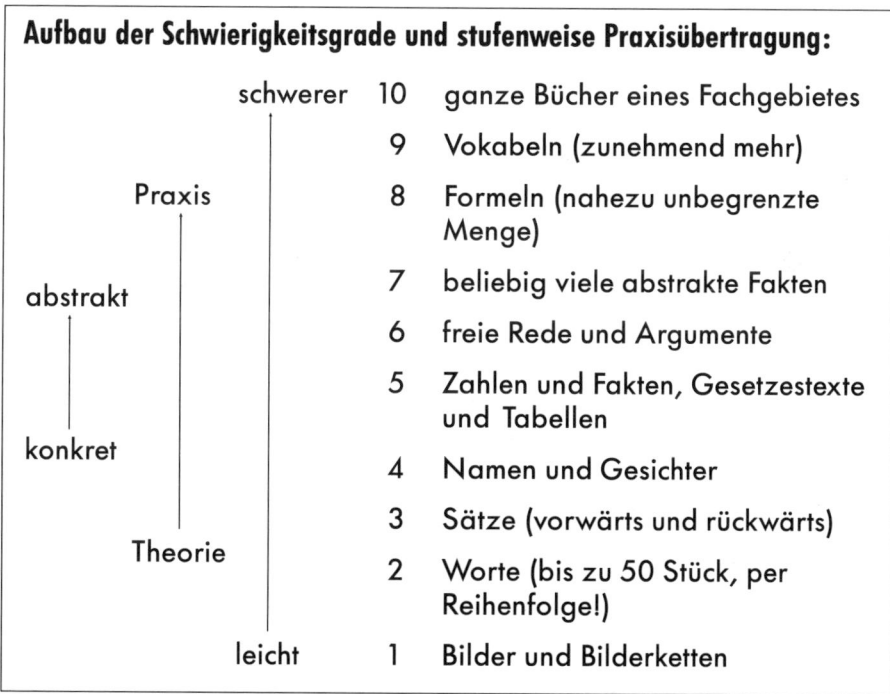

Aufbau der Schwierigkeitsgrade und stufenweise Praxisübertragung:

	schwerer	10	ganze Bücher eines Fachgebietes
		9	Vokabeln (zunehmend mehr)
Praxis		8	Formeln (nahezu unbegrenzte Menge)
abstrakt		7	beliebig viele abstrakte Fakten
		6	freie Rede und Argumente
		5	Zahlen und Fakten, Gesetzestexte und Tabellen
konkret		4	Namen und Gesichter
		3	Sätze (vorwärts und rückwärts)
Theorie		2	Worte (bis zu 50 Stück, per Reihenfolge!)
	leicht	1	Bilder und Bilderketten

Je konsequenter Sie üben, um so schneller wächst Ihre Flexibilität und damit auch Ihr Erfolg. Also denken Sie daran: Üben, üben, üben! Denn: Übung macht den Meister!

Versuchen Sie es noch einmal!

Wenn Sie die Einkaufsliste mit der Bananenmilch und den Schinkenröllchen nicht mehr genau erinnern konnten, haben Sie sich den Handlungsablauf wahrscheinlich zu wenig plastisch und lebhaft vorgestellt und sollten diese Übung kurz wiederholen. Tun Sie das bitte jetzt!

Keine Sorge, wenn's nicht sofort klappt

Und haben Sie keine Sorge: Ihr anfangs noch ungeübtes Vorstellungsvermögen läßt sich in bezug auf die Intensität und Klarheit der Bilder durchaus verdreifachen, so daß Sie schließlich ein Fließband mit 20 verschiedenen Gegenständen gedanklich visualisieren und jederzeit ohne Schwierigkeiten vorwärts und rückwärts wieder abrufen können.

Üben Sie regelmäßig!

In ein paar Tagen wird es Ihnen schon deutlich leichter fallen. Nehmen Sie dieses Buch regelmäßig zur Hand, und machen Sie die Übungen wie vorgeschlagen. Das Überfliegen und Vorauslesen im Text bringt Ihnen keine Vorteile; versuchen Sie statt dessen lieber, jetzt die folgenden Gegenstände in eine kleine Geschichte zu kleiden:

- Erbsen
- Mineralwasser
- Eier
- Nudeln
- Küchentücher
- Kekse
- Honig
- Brot
- Salzstangen
- Joghurt
- Servietten
- Butter
- Toast
- Marmelade
- Kartoffelchips
- Tesafilm
- Briefpapier
- Büroklammern
- Rasierwasser
- Zahnpasta

Bilden Sie aus diesen zwanzig Gegenständen eine Geschichte, wie oben gezeigt.

Sie füllen also zum Beispiel die *Erbsen* in die Flasche mit *Mineralwasser* und schütten dieses dann in die leeren *Eier*schalen. Daraus backen sie grüne Eier*nudeln,* pressen sie, weil sie wegen des Mineralwassers zu saftig sind, in *Küchentüchern* aus, schneiden es zu *Keksen* klein und streichen *Honig* darauf ... und so weiter.

Ist das zu absurd? Lassen Sie sich nicht von meiner grotesken Phantasie und diesem „unmöglichen" Denken beeindrucken oder gar abschrekken. Machen Sie die Verknüpfung selbst, in Ihrem eigenen Stil, so wie Sie selbst denken und gestalten würden. Um so leichter wird es Ihnen fallen, Ihre eigenen Phantasiebilder zu erinnern. *Ihre subjektive Phantasie läßt sich ohne Rücksicht auf die objektiven Grenzen entwickeln* wie ein Zeichentrickfilm, wie eine Science-fiction-Geschichte, wie ein Traum oder ein Märchen. *Und diese Phantasiegeschichten führen zu einer ungeahnten Flexibilität im Denken und Vorstellen.*

In der Phantasie ist alles möglich

Schauen Sie nicht auf die Probleme, die Sie vielleicht noch mit dem Abspeichern einer solchen Einkaufsliste haben, sondern sehen Sie die Lösungsansätze:

Nicht zweifeln – weiterüben!

Konzentrieren Sie sich auf das, was Sie schon gut können!

Zweifeln Sie nicht, sondern üben Sie einfach weiter. Wenn Sie diese zwanzigstellige Liste vorwärts und rückwärts aufsagen können, dann waren Ihre Verknüpfungen schon sehr gut und originell.

> **Je kurioser und lebendiger Ihre Vorstellungen dabei sind, um so besser bleiben sie im Gedächtnis haften!**

Ihre gedankliche Flexibilität wird sich beim Üben verdoppeln, und das wird in der Zukunft zu einem Ihrer wichtigsten Erfolgsfaktoren werden.

Geben Sie Ihr Wissen weiter!

Bringen Sie diese Einkaufsliste auch jemand anderem bei, ohne dabei das Buch zu benutzen; das ist die beste Kontrolle darüber, wie gut Sie selbst diesen ersten Übungsschritt verstanden haben.

Die Bedeutung der Phantasie für Ihre persönliche Motivation

Phantasie hat eine Schlüsselfunktion

Phantasie ist bei unserer Methode erlaubt und erwünscht, ja, sie soll – im Gegensatz zu den gängigen Lehrmethoden in unserem Schul- und Ausbildungssystem – sogar besonders gefördert werden. Phantasie ist der Schlüssel zu gelenkter Vision, zu visueller Kreativität und zu einer Flexibilität in bildhaftem Denken und Gestalten, die Sie sich im Moment nicht einmal erträumen können. Sie werden jedem Maler, Bildhauer, Schriftsteller oder Werbetexter Konkurrenz machen, indem Sie sich gleichsam wie ein Adler über die Grenzen des alltäglichen Denkens erheben. Ihr brillantes Gedächtnis, Ihre grenzenlose Kreativität und Ihr neues Lösungsdenken werden die Menschen in Ihrer Umgebung in Erstaunen versetzen.

Warum Ihnen diese Methode nicht schon seit jeher zur Verfügung stand, ist einfach zu erklären: Wir sind seit über 2000 Jahren so stolz auf die Entwicklung und Weiterführung unserer verbalen Schriftsprache, daß wir die kreativen und künstlerischen Potentiale unseres bildhaften, phantasievollen Denkens vernachlässigt und verdrängt haben. Ab sofort ist das Lesen von Bildgeschichten, Märchen und Comics erlaubt und sogar hochgradig erwünscht. Und Sie werden bald feststellen, daß Sie nahezu gleichzeitig mit Ihrem neuen Gedächtnis auf der Basis von bildhaftem Gestalten und Vergleichen eine visuelle Intelligenz entfalten werden.

Kreative Potentiale sollten nicht vernachlässigt werden

Bevor Sie nun bestimmte Gegenstände in Ihren Gedanken miteinander verknüpfen, ist es eine gute Vorübung, erst einmal in einer Art dreidimensionaler Wirklichkeit zu arbeiten, so daß Sie sich die zu verknüpfenden Objekte in Länge, Breite und Höhe kontrastreich und farbig vorstellen können. Dies wird Ihnen später dabei helfen, Ihre Gedankenbilder in der Phantasie um so plastischer und bildhafter zu gestalten. Mit diesem wichtigen Aspekt steht und fällt das visuelle oder fotografische Gedächtnis. Echte Gedächtnisakrobaten wenden diese Kunst auch auf Vokabeln, Zahlen, Formeln und Codenummern an – und das meist in Sekundenschnelle.

Dreidimensionale Gedankenbilder

Doch zunächst zu den Grundlagen. Das ist Ihre Übung:

**Größe und Gestalt
dürfen sich ändern**

Sehen Sie sich die unten abgebildeten, paarweise miteinander verknüpften Gegenstände genau an. Zur originelleren Gestaltung sind in diesen Beispielen die Größenverhältnisse verändert. Das dürfen Sie beim Verknüpfen in Ihrer Phantasie natürlich auch machen!

Omnibus
Kleiderhaken

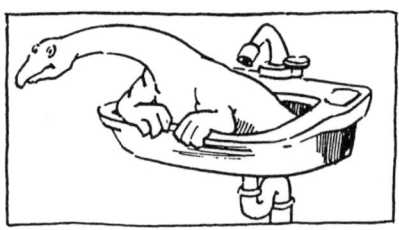

Saurier
Waschbecken

Krokodil
Hosentasche

Fließband
Fensterbrett

Unterseeboot
Heizung

Goldmine
Papierkorb

Hochhaus
Schulranzen

Kronleuchter
Lehrers Kopf

Krater
Parkett-
fußboden

So, und nachdem Sie sich diese Paare jeweils gründlich angesehen haben, testen Sie sich:

Wissen Sie noch, wo die einzelnen Gegenstände untergebracht waren?

Omnibus —

Saurier —

Krokodil —

Fließband —

Unterseeboot —

Jetzt einmal andersherum: Wir nennen Ihnen jeweils den zweiten Begriff:

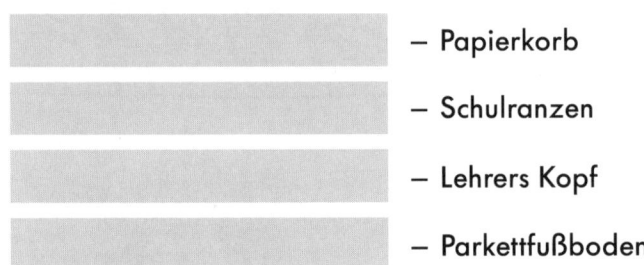

— Papierkorb

— Schulranzen

— Lehrers Kopf

— Parkettfußboden

Das war sehr originell und deshalb auch ziemlich einfach. Üben Sie selbst mit den folgenden Wortpaaren weiter:

Papier	und	Tabakspfeife
Geldbörse	und	Gürtel
Kaugummi	und	Schlüsselbein
Taschentuch	und	Tür
Brief	und	Ärmelumschlag

Licht	und	Decke
Uhr	und	Pinsel
Artist	und	Tal
Toast	und	Blumen
Gärtner	und	Wein
Koffer	und	Bogen
Pfeil	und	Matrose

Überprüfen sie noch einmal die Originalität, Lebendigkeit und Kreativität Ihrer Verknüpfungen. *Neue Ideen sind sehr erwünscht!* Bei einer Werbeagentur heißt die Person, die die besten Bildvorstellungen kreiert und auswählt, „Art Director". Seien auch Sie Ihr eigener „Art Director"! Eine Verknüpfung, die Ihnen jetzt nicht originell und plastisch genug ist, dürfen Sie ruhig noch einmal gestalten: Bringen Sie vielleicht mehr Bewegung hinein, schaffen Sie einen anderen Rahmen, einen schöneren Ort, leuchtendere Farben ...

Neue Ideen sind erwünscht

Schon jetzt zu Anfang haben Sie mit jeder bildhaften Verknüpfung ein kreatives Produkt Ihres Vorstellungsvermögens geschaffen. So können Sie ständig mit Hilfe Ihrer Phantasie neue Bilder kreieren, die es vorher nicht gab. Sie werden Ihr geistiges Potential mehr und mehr entdecken und für sich und Ihren Erfolg nutzbar machen!

Motivieren Sie sich!

Gehen Sie nun Ihre Verknüpfungen anhand der folgenden Skizzen noch einmal genau durch:

25

Papier und Tabakspfeife

Geldbörse und Gürtel

 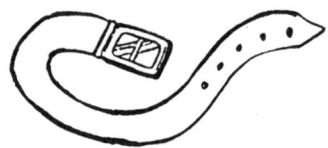

Kaugummi und Schlüsselbein

Taschentuch und Tür

 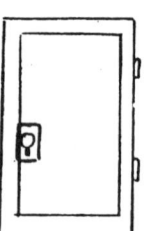

Brief und Ärmelumschlag

Licht und Decke

Uhr und Pinsel

Artist und Tal

Toast und Blumen

Gärtner und Wein

Koffer und Bogen

 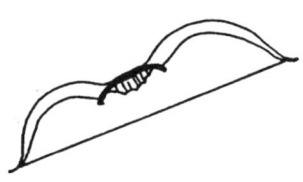

Pfeil und Matrose

Und nun der Test:

Papier   —

Kaugummi —

Brief   —

Uhr   —

Toast   —

Koffer   —

Und anders herum:

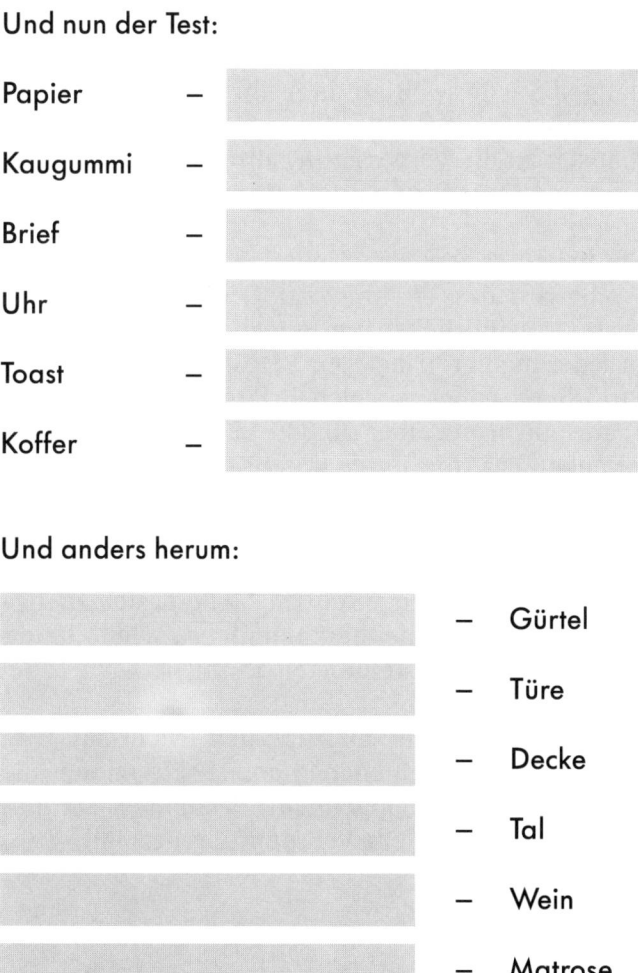

— Gürtel

— Türe

— Decke

— Tal

— Wein

— Matrose

Na, sehen Sie, das klappt doch schon ganz gut! Wenn Sie weiterhin diese Geduld und diesen Arbeitseifer an den Tag legen, wird das Training zunehmend leichter werden!

**Sammeln Sie
originelle Ideen**

Malen Sie sich nun auf ein Blatt Papier Ihre zwei oder drei originellsten Verknüpfungen auf, und hängen Sie dieses Blatt dann für ein paar Tage neben Ihren Spiegel, so daß Sie immer wieder automatisch an die Verbesserung Ihres bildhaften Denkens und Ihrer Originalität erinnert werden!

**Sie profitieren von
unseren Erfahrungen**

Sie haben es vielleicht schon bemerkt: In diesem Buch wird das Training zur Gedächtnisakrobatik besser, ausführlicher und genauer beschrieben als in jeder meiner bisherigen Veröffentlichungen. Sie profitieren dabei von den Erfahrungen, die unser Team mit bisher über 20.000 Seminarteilnehmern gemacht hat, die durch intensives Üben mit der Geisselhart-Methode ihr Gedächtnis schon *innerhalb von 1-2 Tagen entscheidend verbessern* konnten. Und am Ende des Buches werden Sie Ihre gesamte Lernfähigkeit in einem Maße gesteigert haben, das Ihnen die herkömmliche Schulbildung nicht im entferntesten bieten kann!

Zum Vergleich und zur Anregung (Nicht zur Korrektur! Denn Ihre eigenen Phantasie-Kreationen allein sind für Sie maßgeblich!) bekommen Sie nun auch unsere Ideen zur Verknüpfung gezeigt:

Papier und Tabakspfeife

Geldbörse und Gürtel

Kaugummi und Schlüsselbein

Taschentuch und Tür

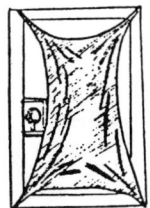

Brief und Ärmelumschlag

Licht und Decke

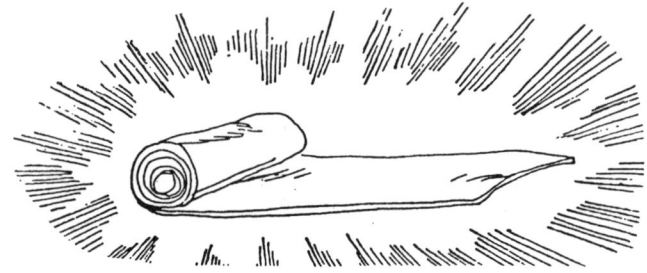

Uhr und Pinsel

Artist und Tal

Toast und Blumen

Gärtner und Wein

Koffer und Bogen

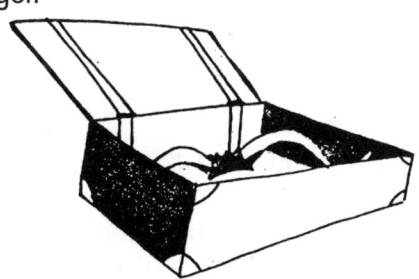

Pfeil und Matrose

Nun dürfen Sie selbst noch ein wenig üben. Merken Sie sich mit Hilfe origineller Verknüpfungen die folgenden Wortpaare. Testen Sie sich selbst, indem Sie – wie beim Vokabellernen – erst die eine, dann die andere Seite zuhalten und jeweils das fehlende Wort ergänzen:

Käse	–	Balkon
Wind	–	Strumpf
Kissen	–	Blumenstrauß
Fernseher	–	Atlas
Weinglas	–	Katze
Schuh	–	Türgriff
Meeresrauschen	–	Gartenhaus
Teppich	–	Autobus
Nordpol	–	Taschenuhr
Hügel	–	Schäferhund

Wenn Ihnen Ihre Verknüpfungen immer besser gelingen, dann dürfen Sie zum nächsten Schritt weitergehen.

Üben Sie mit einem Partner!

Gemeinsames Üben macht Spaß ...

Suchen Sie sich einen Trainingspartner und setzen Sie sich einander gegenüber. Einer von Ihnen ist der Trainer, der andere ist der Lernende. Der Trainer beginnt und nennt acht bis zehn Wortpaare, die der andere so originell wie möglich miteinander verknüpft. Anschließend fragt der Trainer seinen Partner ab, indem er jeweils nur ein Wort von einem Wortpaar nennt, und der andere muß den zugehörigen Begriff ergänzen. Danach werden die Rollen getauscht.

Wer am meisten Wortpaare verknüpfen und erinnern kann, hat gewonnen. Das bedeutet aber nicht, daß er grundsätzlich das bessere Gedächtnis hat. Vielmehr ist seine Flexibilität besser ausgebildet, er kann rascher und geschickter die nötigen Verknüpfungen herstellen – und genau das ist es ja, was wir hier trainieren.

... und fördert
die Flexibilität

> **Und denken Sie daran: Ihr eigener Erfolg ist die größte Motivation!**

Konzentration ist wichtiger als Erinnerungsvermögen

Es ist nicht so, daß wir von Geburt an unabänderlich mit einem guten oder schlechten Gedächtnis ausgestattet sind. Wir können selbst sehr viel dazu tun, unsere Merkfähigkeit und damit auch andere wichtige Geisteseigenschaften durch Fleiß und Konzentration deutlich zu steigern.

Beim Gedächtnistraining wird neues Wissen mit schon vorhandenem Wissen verknüpft. Wie bei einem Computer ein neues Zusatzprogramm an das alte Programm angeschlossen wird, so werden auch neue Informationen mit schon vorhandenen verbunden. Wenn wir uns nun an etwas Neues nicht mehr erinnern können, bedeutet das, wir haben es nicht konzentriert genug mit dem bisherigen Wissen verknüpft. Wir brauchen immer eine schon vorhandene Information, mit der wir einen neuen Begriff verbinden, das heißt assoziieren können.

Neue Informationen
mit vorhandenem
Wissen verknüpfen

35

Da Ihnen nun die Zweierkopplungen bereits so gut von der Hand gehen, wollen wir jeweils drei Gegenstände miteinander verbinden, zum Beispiel:

Kugelschreiber – Bier – Handtasche

Was fällt Ihnen dazu ein? Nun, wir könnten zum Beispiel mit dem Kugelschreiber das Bier umrühren, bis es schäumt, und es dann in die Handtasche leeren ...

Absurde Bilder sind besser erinnerbar

(Igitt! Aber dieses Bild werden Sie bestimmt so schnell nicht vergessen; wahrscheinlich wird es Ihnen wieder einfallen, wenn Sie das nächste Mal einen Kugelschreiber zur Hand nehmen. Und das wäre natürlich ein Beweis für die Effektivität dieser speziellen bildhaften Verknüpfung!)

Doch nun sind Sie wieder an der Reihe: Kreieren Sie mit den folgenden Worttriaden ähnliche Phantasiebilder, die plastisch, lebendig, vielleicht ein wenig absurd oder einfach nur lustig sind.

Kekse   –   Eisbär   –   Bankkonto

  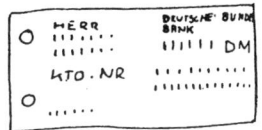

Direktor   –   Wäscheleine   –   Flöte

 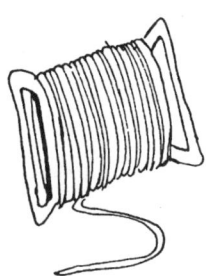 

Brille   –   Klee   –   Fahrrad

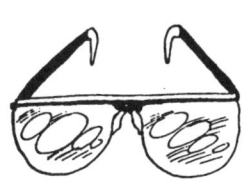  

Rakete — Olivenbaum — Tiger

Wandteppich — Auto —
Schlaraffenland

Buch — Himbeeren — Sessel

Sie können nun auch jeweils zwei Dreier-Bilder zu einem Sechser-Bild zusammenfassen. Und Sie können schließlich alle achtzehn Gegenstände miteinander verbinden. (Hätten Sie vor ein paar Tagen geglaubt, daß Sie das so mühelos und mit so viel Spaß erreichen können?)

Hier noch einmal die Kontrolle:

Kekse   —   —

Wäscheleine —   —

Fahrrad   —   —

Rakete   —   —

Auto   —   —

Sessel   —   —

Ihre Konzentration ist dann gut, wenn Sie alle achtzehn Gegenstände vorwärts und rückwärts „herunterbeten" können. Denken Sie daran: Intensive Konzentration fördert Ihre Gedächtnisleistung!

Ihr Konzentrationsvermögen wächst

Natürlich können Sie beliebige Begriffe auch im „Viererpack" abspeichern, das Prinzip ist das gleiche. So zum Beispiel:

Üben Sie im Quartett!

Rollschuhe — Teddybär — Zwirn — Scheckheft

Unser Vorschlag: Mit seinen neuen Rollschuhen fährt der Teddybär in die Zwirnfabrik, wo die Wände mit lauter Schecks tapeziert sind.

39

Erfinden Sie Ihre eigenen Bildgeschichten zu folgenden Begriffen:

Kerze – Hummer – Doktor – Nachtvogel
Melkmaschine – Maus – Whisky – Federn
Schlafmütze – Schuhcreme – Zucker – Fließband
Schrank – Abfalleimer – Sternschnuppe – Knopf
Blatt – Frosch – Zahnbürste – Handschuhe
Schornstein – Rasen – Apfel – Farbkasten

Übungsmöglichkeiten im Alltag

Versuchen Sie in der nächsten Zeit, die Dreier- und Vierer-Verknüpfungen an praktischen Beispielen aus Ihrem Alltag zu üben, zum Beispiel mit einer Einkaufs- oder Besorgungsliste wie dieser:

- Geld abheben
- zum Schneider gehen
- Ihre Oma anrufen
- den Rasen mähen
- Brot kaufen
- den Fernsehtechniker anrufen
- einen Zahnarzttermin ausmachen
- die Kunstgalerie besuchen
- das Auto volltanken
und so weiter.

Nutzen Sie Ihre neu entdeckten Fähigkeiten im kreativen Bilderdenken, und speichern Sie bewegte, lustige kleine Handlungsketten ab.

Eine weitere Übung:

Sie wollen den Rasen mähen und das Gerät anschließend gleich wieder saubermachen und auf-
räumen. Damit Sie nicht ein paarmal bis zum
Schuppen am anderen Ende des Gartens laufen
müsssen, merken Sie sich lieber gleich alles, was
Sie dort holen wollen:

- zunächst brauchen Sie den Schlüssel für den
Schuppen
- dann natürlich den Rasenmäher
- einen Eimer
- den Rechen
- eine Harke
- die Bio-Tonne für den Grasschnitt
- ein großes Putztuch

Wenn Sie nun alle sieben Gegenstände gründlich
miteinander verknüpfen, wie Sie es oben gelernt
haben, werden Sie im Garten keine Probleme haben: Sobald Sie an den Schlüssel denken, werden
Ihnen automatisch auch die anderen Utensilien
wieder einfallen.

**Wir fassen die wichtigsten Hinweise zur Gestaltung von
kreativen Bildgeschichten noch einmal zusammen:**

- Wir übertreiben bezüglich der Größe und der
Form eines Gegenstandes.
- Wir bringen (körperliche oder seelische) Bewe-
gung in die Gedankenverbindung hinein.
- Wir übertreiben bezüglich (An-)Zahl und Menge.
- Wir ersetzen einen Gegenstand von der Funktion
her durch einen anderen.

**Mit Phantasie
Alltagsgrenzen
überwinden**

Erfinden Sie selbst immer neue Übungsmöglichkeiten. Je besser Sie sich konzentrieren, je schneller Sie mit Ihren Bildverknüpfungen umgehen können, um so flexibler werden Sie auch. Sie denken immer kreativer, entwickeln automatisch ein fotografisches Gedächtnis und können wie in einem Flugzeug die starren Begrenzungen des Alltags hinter sich lassen. Über den Wolken ist die Freiheit: Sie können alles mit jedem verknüpfen und die absurdesten Geschichten erfinden!

Das Bild „Der Spaziergänger" von *Marc Chagall* ist ein sehr schönes Beispiel aus dem Bereich der Malerei: Eine Darstellung eines Spaziergängers, die aufgrund ihrer maßlosen Übertreibung in Dynamik, Ausdruck und Bewegung sehr einprägsam und überzeugend wirkt; man sieht förmlich, wie er sich auf seinen Spaziergang „konzentriert".

Malen Sie in Ihrer Phantasie wie Chagall! Sie können es!

Marc Chagall

Der Spaziergänger
Gouache
1914

Die hohe Kunst der Aufmerksamkeitssteuerung

Nun haben Sie mit Hilfe unserer Technik eines schon ganz gut gelernt: Sie können Ihre Aufmerksamkeit auf ein selbst geschaffenes Phantasiebild richten und sich kurze Zeit darauf konzentrieren. Dieses Prinzip spielt auch in Ihrem Leben eine zentrale Rolle, denn um Ihre Ziele zu erreichen und Erfolg zu haben, müssen Sie etwas dafür tun: Sie machen sich ein Bild von Ihrem Ziel, kreieren eine Vision, und anschließend richten Sie Ihre ganze Aufmerksamkeit darauf, dieses Ziel zu verfolgen und schließlich auch zu erreichen. Das wird Ihnen um so leichter fallen, je besser Ihnen Ihre geistigen Fähigkeiten zur Verfügung stehen.

> **Unsere Braining-Methode ist der einfachste Weg für Sie, sich dauerhaft einen flexiblen Zugriff auf Ihre geistigen Potentiale zu verschaffen!**

Üben Sie weiter, und vertrauen Sie auf sich!

Übungen mit ganzen Sätzen

Ein Mensch mit einem normalen Gedächtnis kann sich etwa drei bis fünf einfache Sätze merken. Mit etwas Übung schaffen Sie auch hier deutlich mehr. Wollen Sie es gleich versuchen? Hier sind ein paar Beispiele:

1. Das blaue Auto hat kein Benzin mehr.
2. Die Turmuhr schlägt zehn Uhr.
3. Der Fluß hat zur Zeit Hochwasser.
4. Ein Kind ist auf der Parkbank eingeschlafen.

5. Marie hat ihre Puppe verloren.
6. Heute abend gibt es Pizza.
7. Der Pullover ist sehr schmutzig.
8. Das Radio ist zu laut.

Prägen Sie sich die Sätze nun ein, indem Sie sich zu jedem Satz ganz intensiv ein Bild vorstellen. Ein sekundenlanges Bild wie bei einem Blitzlichtfoto genügt bereits!

Ein „Blitzlicht-Bild"
pro Satz genügt

Zu Anfang ist es für Sie leichter, wenn Sie bei diesen Phantasiebildern für einen Moment die Augen schließen: Sehen Sie das Bild vor Ihrem inneren Auge mit voller Konzentration und so farbig und plastisch wie möglich.

Der nächste Schritt besteht darin, daß Sie die einzelnen Bilder zu einer Geschichte verknüpfen: Sehen Sie zum Beispiel, wie der Autofahrer händeringend neben seinem Auto steht, das sich keinen Zentimeter mehr von der Stelle rührt; in dem Moment schlägt die Turmuhr zehn Uhr, und er erschrickt, weil er gleich einen sehr wichtigen Termin hat. Was soll er tun? Dorthin schwimmen? Das geht auch nicht, der Fluß hat wegen des Hochwassers eine reißende Strömung …

Die inneren Bilder
zu einer Handlung
verknüpfen

Auch wenn die Sätze gar nicht zueinander passen – erfinden Sie einfach eine originelle, humorvolle, vielleicht sogar absurde Verbindung. Meist ist das Bild, das Ihnen als erstes in den Sinn kommt, auch das beste.

Mit Humor
geht's besser

Machen Sie eine kleine Pause, dann wiederholen Sie Ihre Gedankenbilder noch einmal mit geschlossenen Augen. Und nun schreiben Sie die acht Sätze auf – in umgekehrter Reihenfolge! (Das dürfte Ihnen mit den kreativen Verknüpfungen nicht schwerfallen.)

Jetzt werden die Sätze schon etwas schwieriger, und Sie dürfen Ihre ganze Phantasie und Kreativität einsetzen.

Stellen Sie eigene Verknüpfungen her, die bleiben am besten haften:

1. Rotkäppchen geht furchtsam durch den Wald.
2. Ein Äffchen turnt im Käfig herum.
3. Großvater hat sich in die Tänzerin verliebt.
4. Das neue Computerprogramm ist abgestürzt.
5. Die Ferienwohnung war viel zu klein.
6. Der Moderator redet wie ein Buch.
7. Der Dorfteich ist ganz zugefroren.
8. Die Köchin hat Salz und Pfeffer vergessen.

Ein gutes Bild speichert den genauen Wortlaut

Natürlich müssen Sie sich die Sätze nicht wortwörtlich einprägen. Sie werden aber mit fortschreitender Übung feststellen, daß die Phantasiebilder, die Sie zu den einzelnen Sätzen kreieren, automatisch auch den genauen Wortlaut wiedergeben.

Decken Sie also nun die Seite zu, und versuchen Sie, alle acht Sätze vorwärts und rückwärts aufzusagen.

Üben Sie spielerisch!

Falls Ihnen der eine oder andere Satz bei der Wiedergabe gefehlt hat, so knüpfen Sie ihn einfach nachträglich noch in Ihre Handlungskette ein. Gehen Sie die Übungen spielerisch an, wie es die Kinder tun. Nicht umsonst haben Kinder ein phantastisches Gedächtnis: Sie sind der Phantasie und den

Geschichten noch um vieles näher als wir Erwachsenen. Sehen Sie das Ganze mit Humor, und Sie werden im Laufe der Zeit ganz von selbst immer originellere Bilder und erfolgreichere Verknüpfungen finden.

Und weiter geht's! Die Sätze werden nun deutlich länger, aber lassen Sie sich davon nicht einschüchtern: Auch ein langer Satz ergibt nur ein einziges Bild!

1. Der neue Telefonanschluß wird morgen freigeschaltet.
2. Der Scheidungsanwalt erläutert dem Richter den Antrag seines Mandanten.
3. Bei der Firma Bauer werden zum Jahresende 20% der Mitarbeiter entlassen.
4. Die siegreichen Reiter lassen sich vom Publikum gebührend feiern.
5. Das städtische Planungsamt verbietet das Aufstellen von Gartenhäuschen.
6. Die Boeing 707 wird in Kürze ein neues Höhenruder bekommen.
7. Das beschädigte U-Boot muß bis zum Reparatur-Dock noch 200 km durchhalten.
8. Der Klempner repariert aus Versehen die falsche Heizung.

Lassen Sie sich nicht entmutigen, wenn Ihnen die Verknüpfungen anfangs noch nicht so locker und selbstverständlich von der Hand gehen. Setzen Sie dafür um so mehr Phantasie ein. Selbst wenn Ihnen Ihre ersten Beispiele trocken und erzwungen vorkommen, denken Sie daran: Alle unsere Kursteilnehmer und auch wir Trainer haben einmal so angefangen!

Aller Anfang ist schwer ...

Das Erfolgsgeheimnis: konsequentes Üben!

Wenn Sie auch diese Reihe von Sätzen fehlerfrei vorwärts und rückwärts beherrschen, haben wir noch ein ganz besonderes Extra für Sie:

Verbinden Sie doch einmal die folgenden Satzpaare mit einem phantasievollen „Knoten":

1. Das Radio ist zu laut.
2. Rotkäppchen geht furchtsam durch den Wald.

sowie

1. Die Köchin hat Salz und Pfeffer vergessen.
2. Der neue Telefonanschluß wird morgen freigeschaltet.

... aber Sie haben schon viel erreicht!

Sie ahnen es sicherlich schon: Wenn Ihre Verknüpfungen gut sitzen, haben Sie jetzt mit den letzten beiden Kopplungen die drei mal acht Sätze miteinander verbunden. Somit können Sie jetzt bereits 24 Sätze hintereinander erinnern, stimmt's? Versuchen Sie es, und seien Sie ruhig auch ein bißchen stolz auf sich: Das haben Sie durch Ihr konsequentes Üben erreicht!

2. Die Symbole

Nutzen Sie Ihre Kreativität!

„Die Worte oder die Sprache, so wie sie geschrieben oder gesprochen werden, scheinen in meinem Denkmechanismus überhaupt keine Rolle zu spielen. Die psychischen Entitäten (Teile), die mir als Elemente des Denkens zu dienen scheinen, bestehen aus gewissen Zeichen und mehr oder weniger klaren Bildern, die sich willentlich reproduzieren und kombinieren lassen.“

Dieses Zitat stammt von *Albert Einstein,* dem großen Wissenschaftler, und es unterstützt unsere Methode, die notwendigen Informationen mit Hilfe von bewußt abgespeicherten und verknüpften Bildern jederzeit verfügbar zu machen. Wir tun ja im Prinzip nichts anderes, als Zeichen und Bilder miteinander in Bezug zu setzen, bei Bedarf zu reproduzieren und daraus wieder unsere Worte, sprich Informationen, zurückzugewinnen.

Zeichen und Bilder als Elemente des Denkens

In diesem Sinne möchten wir Ihnen auf der folgenden Seite zwölf Symbole vorstellen, die Sie sich bitte sehr gut einprägen.

Bilder als Symbole

Die Kerze sieht aus wie eine 1.

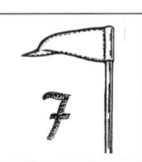

Die Fahne hat die Form einer 7.

Der Schwanenhals symbolisiert eine 2.

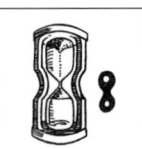

Die Sanduhr sieht aus wie eine 8.

Der Dreizack hat drei Zacken, und wenn man ihn auf die linke Seite kippt, ist er eine eckige 3.

Die Schlange rollt sich zur 9.

Das vierblättrige Kleeblatt vertritt die 4.

Der Golfschläger steht für die 1, der Ball für die 0 – zusammen bilden sie die 10.

Die Hand hat fünf Finger; sie steht für die Zahl 5.

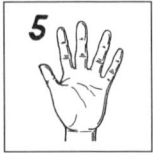

Spaghetti und Gabel stehen für die 11.

Im Elefantenrüssel erkennen Sie die 6.

Die Uhr zeigt zwölf Stunden an und ist unser Symbol für die 12.

Und nun steigen wir gleich in die nächste Übung ein, wo Sie Ihre ganze Kreativität spielen lassen dürfen. Wir haben eine Liste von zwölf Besorgungen zusammengestellt, die Sie sich für den nächsten Tag einprägen sollen. Jede dieser Besorgungen verbinden wir in einem kleinen Bild mit einem der Zahlensymbole.

Zu jedem Punkt ein Symbol

Stellen Sie sich vor, Sie dürfen die folgenden Erledigungen nicht vergessen:

1. Schecks von der Bank holen.
2. Tanken.
3. Ihre Sekretärin anrufen.
4. Die Flugtickets einstecken.
5. Ihr Funktelefon mitnehmen.
6. Die Präsentationsunterlagen im Konferenzraum bereitlegen lassen.
7. Den Zweitwagen zur Werkstatt bringen.
8. Blumen für Ihren Partner bestellen.
9. Den Radiowecker einpacken.
10. Die Marketingstrategie für das neue Produkt mit Ihrem Chef absprechen.
11. Theaterkarten für nächsten Samstag vorbestellen.
12. Dem Schwiegervater telefonisch zum Geburtstag gratulieren.

Verknüpfen Sie nun in Ihrer Phantasie die Schecks mit dem Bild einer Kerze, die Tankstelle mit dem Schwan und so weiter. Machen Sie aus jeder Verknüpfung eine kleine lebendige und einprägsame Geschichte.

Kreativität ist jedem gegeben

Phantasie und Bilderdenken sind wichtige Voraussetzungen dafür, daß Sie Ihre Kreativität zur Geltung bringen und weiterentwickeln können. Kreativität ist jedem Menschen angeboren und läßt sich in allen Lebensbereichen anwenden. Kreativ ist der Erfinder, der Maler, der Bildhauer, aber auch der Lehrer, der eine neue Unterrichtsmethode praktiziert, der Wissenschaftler, der ein neues Experiment durchführt, die Mutter, die ihre Kinder einmal auf eine andere Art als sonst ins Bett bringt. Die innere Kreativität ist grundsätzlich vorhanden; die Techniken, um sie (gerade im künstlerischen Bereich) auch umzusetzen, müssen manchmal zusätzlich erlernt und eingeübt werden.

„Mit der Kreativität verhält es sich genauso wie mit den Muskeln des menschlichen Körpers. Je mehr sie benutzt und trainiert werden, um so stärker werden sie. Das Umgekehrte gilt allerdings auch: Wenn sie überhaupt nicht benutzt werden, werden sie schwach und bilden sich zurück." (Markham, 1992, S. 127)

Kreativität trainieren

Je konsequenter Sie nun die Übungen in diesem Buch absolvieren, um so schneller wird Ihnen die Welt der lebendigen bildhaften Vorstellungen selbstverständlich und geläufig – und um so intensiver fördern Sie dadurch Ihre Kreativität!

„Wenn Sie Ihre imaginativen Fähigkeiten erweitern, vergrößern Sie damit auch Ihre Kreativität. (...) Die visionärsten Ideen kommen uns gewöhnlich in Form von Bildern oder Vorstellungen, nicht in Form von Worten. Deshalb ist die Fähigkeit zur Visualisation so wichtig für jede Weiterentwicklung und Verbesserung unserer Lebenssituation." (ebenda, S. 128)

Überprüfen Sie nun, ob Sie mit Ihrer bereits trainierten Imaginationsfähigkeit die einzelnen Punkte der Erledigungsliste erfolgreich erinnern können:

1. (Symbol : Kerze)

2. (Symbol : Schwan)

3. (Symbol :)

4. (Symbol :)

5. (Symbol :)

6. (Symbol :)

7. (Symbol :)

8. (Symbol :)

9. (Symbol :)

10. (Symbol :)

11. (Symbol :)

12. (Symbol :)

Falls der eine oder andere Punkt noch nicht so ganz sicher sitzt, verankern Sie ihn einfach noch einmal: Lassen Sie das Bild intensiv, farbig und lebhaft vor Ihrem inneren Auge erscheinen. Zum Vergleich mit Ihren eigenen Verknüpfungen und als Anregung für Ihre Phantasie sind hier unsere Vorschläge:

Bilder voller Farbe und Lebendigkeit

53

Als erstes wollen Sie auf die Bank, um die Schecks zu holen. Es ist noch dunkel, und Sie tragen eine *Kerze,* damit Sie überhaupt etwas sehen.

Sie tanken an einer „Bio-Tankstelle", bei der der Zapfhahn die griffige Form eines *Schwan*enhalses hat.

Ihre Sekretärin, die Sie anrufen wollen, ist manchmal etwas schwerfällig; vielleicht könnten Sie sie mit dem *Dreizack* etwas anspornen?

Bei der Abfertigung am Flugschalter bekommt jeder Passagier, der sein Ticket dabeihat, seit neuestem einen Kontrollsticker in Form eines *Kleeblatts* aufgeklebt.

Sie fühlen sich am wohlsten, wenn Sie „beide *Hände* voll zu tun haben" — denken Sie an Ihr Funktelefon!

Die Ordner für die Präsentation haben inzwischen ein ganz schönes Gewicht; am besten lassen Sie sie vom firmeneigenen *Elefanten* in den Konferenzraum bringen.

Ihr Zweitwagen hat Startprobleme und muß in die Werkstatt; vielleicht würde er wieder anspringen, wenn er wie ein Rennwagen behandelt würde und Sie beim Start eine große *Fahne* schwingen.

Die Zeit *(Eieruhr!)* läuft — diesmal dürfen Sie den Geburtstag Ihres Partners aber nicht vergessen und bestellen deshalb die Blumen rechtzeitig.

Kürzlich hatten Sie einen schlimmen Alptraum, in dem Sie von mehreren *Schlangen* umzingelt waren — zum Glück hat dann plötzlich der Wecker geklingelt.

Vielleicht sollten Sie Ihren Chef zum *Golf*spielen einladen; auf dem Golfplatz ist er erfahrungsgemäß immer sehr aufgeschlossen gegenüber neuen Ideen — gute Voraussetzung für Ihr neues Marketingkonzept!

Nach dem Theater könnten Sie eigentlich noch gemütlich Italienisch essen gehen; es brauchen ja nicht unbedingt *Spaghetti* zu sein.

Um 12 *Uhr* macht Ihr Schwiegervater täglich seinen Mittagsschlaf, also sollten Sie ihn vor 12 Uhr oder nach 15 Uhr anrufen.

Wenn Sie nun alle zwölf Erledigungen vorwärts und rückwärts beherrschen, machen Sie die Probe aufs Exempel:

Welche Aufgabe stand an sechster Stelle? (Das Symbol war der Elefant – richtig: Die Unterlagen ...) Was wollten Sie zuerst, was zuletzt erledigen? Fragen Sie sich selbst in beliebiger Reihenfolge ab; wenn Ihre Kopplungen intensiv genug waren, werden Sie nicht die geringsten Schwierigkeiten haben, sich an die jeweiligen Paare zu erinnern.

Und hierin liegt einer der größten Vorteile dieser Zahlensymbole: Sie vergessen nichts mehr! Wenn Sie wie eben zwölf Dinge mit den Symbolen verbunden haben, werden Ihnen auch alle zwölf wieder einfallen. Die Symbole selbst sind so plausibel, daß sie Ihnen schon bald in Fleisch und Blut übergehen werden, und damit ist die wichtigste Vorarbeit erledigt. Sie können mit den Symbolen die vielseitigsten Dinge verknüpfen, die Sie sich merken wollen oder müssen:

Zahlensymbole sind vielseitig einsetzbar

- Einkaufslisten
- Erledigungslisten
- Nachrichten
- Verkaufsargumente

55

- Diskussionspunkte
- Bestsellerlisten
- organisatorische Abläufe

und vieles mehr.

Höhere Flexibilität

Wenn Sie zum Beispiel eine Reihe von Verkaufsargumenten abgespeichert haben, können Sie im Gespräch mit dem Kunden ganz offen und flexibel auf seine Wünsche und den Verlauf des Gesprächs reagieren. Sie brauchen nicht krampfhaft an einer einstudierten starren Reihenfolge festzuhalten, denn Sie können sich nach Bedarf an das jeweils fehlende Argument sofort erinnern. Auch wenn das Gespräch von der intendierten Reihenfolge abweicht, hilft Ihnen das Gerüst Ihrer Zahlensymbole, um an jeder beliebigen Stelle wieder einzusteigen, Argumente vorzuziehen oder zurückzustellen, ganz wie es die Situation erfordert. Hier wird das sonst so stupide Gedächtnistraining zur spielerischen, kreativen Gestaltung, zum geistreichen Vergnügen!

Und als eine solche spielerische Übung haben wir gleich die nächste Aufgabe für Sie, die Sie auch gut zu zweit machen können:

Zahlensymbole für TV-Nachrichten

Sehen Sie sich in Ruhe die Abendnachrichten im Fernsehen an, und speichern Sie die einzelnen Meldungen mit Hilfe der Symbole. Dabei können Sie die sogenannte *Blitzlicht-Technik* anwenden: Sie werfen in Gedanken das jeweilige Symbol mitten ins Bild, sehen es für die Dauer einer Blitzlicht-Aufnahme als Bestandteil des Geschehens mit der eigentlichen Meldung verknüpft.

Ein kurzes Beispiel geben wir noch dazu:

Die erste Meldung berichtet von einem Kongreß der führenden Psychologen; wir sehen, wie dem Redner auf der Tribüne bei seinem Vortrag sprichwörtlich ein *(Kerzen-)*Licht aufgeht.

Ein neues Teilstück der Autobahn XY wird eingeweiht. Der Ministerpräsident schneidet symbolisch das Band durch; in diesem Moment sehen wir (im Geiste) einen *Schwan* mit dem Band im Schnabel davonfliegen.

Der Umsatz an Computerspielen und Lernprogrammen ist im letzten Monat um 10% gestiegen. Wir stellen uns vor, wie der Verkäufer im Bild die Ware auf den *Dreizack* gespießt an drei Kunden gleichzeitig über den Ladentisch reicht.

Und so weiter. – Finden Sie heraus, wie Sie die Symbole am besten in die einzelnen Szenen „werfen", damit sie dauerhaft „hängenbleiben". Machen Sie diese Übung ruhig zu zweit, und vergleichen Sie anschließend Ihre Verknüpfungen und Ihre dadurch erreichte Merkfähigkeit. Solche Gedächtnisspielereien werden sich sehr vorteilhaft auf Ihr Allgemeinwissen und Ihre gesamte Schlagfertigkeit und Kreativität auswirken!

Besseres Allgemeinwissen, höhere Schlagfertigkeit

Wir werden im folgenden an zwei konkreten Beispielen zeigen, was mit einem guten Gedächtnis und unserer Braining-Methode alles erreichbar ist.

Über Eselsbrücken zur Perfektion

Das ist der Titel eines Artikels der Zeitschrift *Psychologie Heute* (10/1983), aus dem wir ein paar interessante Aspekte aufgreifen wollen. Der Verfasser *Stephen Singular* berichtet:

„Beim Abendessen mit seinen beiden Kindern im 'Bananas', einem eleganten Restaurant in Boulder, Colorado, fiel dem Psychologen Peter Polson der Kellner auf: Ohne sich etwas zu notieren, nahm er die Bestellung entgegen, unterhielt sich mit den Gästen, erzählte, daß er John Conrad heiße, und verschwand. Dasselbe geschah kurze Zeit später am Nachbartisch – nur, daß dort immerhin acht Gäste am Tisch saßen. Auch hier hörte der Kellner zu und unterhielt sich, ohne etwas zu notieren."

Der Psychologe sprach den Kellner an und unterhielt sich mit ihm. Im Laufe des Gesprächs kamen einige interessante Aspekte zur Sprache: Der offensichtlich so begabte Kellner stammte aus einfachen Verhältnissen und hatte sich seine Fähigkeiten im Laufe der Zeit selbst angeeignet.

Gedächtnistraining verbessert die Redefähigkeit

„Er spricht schnell, klar, artikuliert und versucht, immer in ganzen Sätzen zu reden. Als Jugendlicher verehrte er die Nachrichtensprecher im Fernsehen. Seit er sein Gedächtnis bewußt trainiert, merkt er, daß sich seine Sprechfähigkeit auffallend verbessert hat, weil sein Verstand 'jetzt viel planvoller arbeitet' – (...) 'Ein gutes Gedächtnis ist ja nichts anderes als ein gut organisiertes Gedächtnis.' "

Sein gutes Gedächtnis hatte er entwickelt, weil er die Stelle seiner Vorgesetzten einnehmen wollte:

„Nächtelang überlegte er, wie er das anstellen könnte. Schließlich kam ihm die Idee, die Bestellungen auswendig zu lernen. Vor Ablauf eines Jahres war er der Oberkellner. (...) Er berichtete, daß er sich schon 19 komplette Menüs an einem Tisch gemerkt hatte – ohne den geringsten Fehler zu machen. (...) Manchmal vertauschten die Gäste ihre Plätze, um ihn zu täuschen, es gelang ihnen nicht. Manchmal wetteten sie mit ihm um sein Trinkgeld – doppelt oder nichts –, wenn er einen Fehler machen würde. In vier Jahren hat John Conrad nur ein einziges Mal die Wette verloren. 'Ich war auf das Extra-Geld aus,' bekennt er."

John Conrad nahm auf Einladung des Psychologen *Polson* an einer Reihe von Versuchen an der *University of Colorado* teil, bei denen die Wissenschaftler zu überzeugenden Ergebnissen kamen:

„Ein gutes Gedächtnis ist nicht angeboren, es kann 'gelernt' werden. Menschen mit ungewöhnlich gutem Gedächtnis benutzen sogenannte Mnemotechniken oder 'Eselsbrücken', mit denen sie bestimmte Dinge behalten. Sie verschlüsseln Begriffe in einem eigenen Code, den sie bei entsprechender Übung spielend wieder abrufen können. (...) (Es ist anzunehmen,) daß das Kurzzeit-Gedächtnis eine mehr oder weniger feststehende Größe ist. Der Sättigungsgrad ist schnell erreicht. Um die Sperren zu umgehen, muß man lernen, neue Daten mit Material zu verknüpfen, das bereits dauerhaft im Langzeit-Gedächtnis gespeichert ist. Sobald diese

Ein gutes Gedächtnis ist erlernbar

59

Assoziationen hergestellt sind, ist das Kurzzeit-Gedächtnis wieder frei für neue Informationen."

Wie ging nun John Conrad vor, wenn er sich ein komplettes Menü merken wollte? Zunächst prägte er sich das Hauptgericht ein und verknüpfte es mit dem Gesicht des Gastes:

Verknüpfungstechnik

„Er sieht beispielsweise dessen muskulöse Kinnbacken und hört dabei: 'Ich hätte gern ein Riesensteak.' (...) Da er die Bestellungen mit den Gesichtern der Gäste verknüpft, macht es auch nichts, wenn diese ihre Plätze vertauschen. Die Sitzordnung kann sich verändern, die Gesichter der Gäste ändern sich nicht."

Die Beilagen werden mit dem Hauptgericht verbunden; zusätzlich gibt es Abkürzungen und verschiedene Codes für die Salatsaucen (H für Soße des Hauses, F für französische Art und so weiter), für den verlangten Gargrad der Steaks und sonstige Beilagen und Sonderwünsche.

„Was an John Conrad am meisten fasziniert: Er kann das Informationsmaterial auf mehrere Weisen assoziieren und verschlüsseln, und er kann es mit einem enormen Tempo aus dem Gedächtnis wieder abrufen. Im Labor kann er innerhalb von 40 Sekunden fünf komplette Menüs aufnehmen und vollständig wiederholen."

Die Quintessenz aus diesen und einer Reihe von anderen Versuchen:

„Anfänger glauben, sie müßten neue Informationen ständig wiederholen, um sie sich einzuprägen; Könner entwickeln ein Code-System, mit dem sie die Informationen im Langzeit-Gedächtnis speichern."

**Auf das „System"
kommt es an**

Und das ist genau das, was wir Ihnen mit unseren Zahlensymbolen auch anbieten: Ein Code-System, mit dessen Hilfe Sie all das Neue, das Sie sich merken wollen, im Langzeit-Gedächtnis abspeichern können – und bei Bedarf sofort wiederfinden!

**Unser System: die
Zahlensymbole**

Und damit Sie mit diesem Code-System noch etwas flexibler umgehen können, wollen wir es bis zur Zahl 20 erweitern:

Schwanz und gekrümmter Rücken der Katze bilden eine 13. (Wenn Sie abergläubisch sind, können Sie auch die schwarze Katze mit der 13 verbinden.)

Der Doppelblitz formt eine 14.

In der linken Wand des Aufzugs und der gebeugten Gestalt läßt sich eine 15 ausmachen; man kann sich zusätzlich vorstellen, daß der Mann in den 15. Stock fahren möchte.

Angelstock und gebogene Schnur sehen aus wie eine 16.

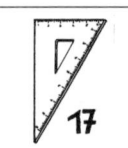

Die Kanten des Geodreiecks bilden die 17.

Im linken Rand und dem doppelten Schlupfloch des Vogelhäuschens erkennen wir die 18.

Schnur und Ballon formen zusammen eine 19.

Die geschwungenen Kufen bilden die 2, der zusammengekauerte Passagier auf dem Schlitten die 0 von 20.

Tip: die Symbole an zentraler Stelle aufhängen

Prägen Sie sich auch diese Bilder gut ein. Vielleicht können Sie sich ja alle 20 Symbole auf ein Blatt kopieren (oder abzeichnen) und dieses eine Zeitlang in Ihrer Wohnung aufhängen. Über dem Bett, am Badezimmerspiegel, auf der Kühlschranktür und so weiter, das sind Stellen, wo Sie im Laufe des Tages automatisch öfters hinschauen, und so prägen sich Ihnen die Symbole ganz von selbst ein.

Eine weitere Übung, die zu zweit großen Spaß macht und die wir auch in den Seminaren oft anwenden, nennt sich Flip-chart. Einer der beiden Partner schreibt die Zahlen von 1 bis 20 untereinander auf ein Blatt Papier. Der andere nennt nun wahllos Begriffe und ordnet sie jeweils einer Zahl zu, also z. B.:

Die Flip-chart-Übung

- Waschmaschine auf Position 5
- Bruttosozialprodukt auf die 11
- Streifenhörnchen auf die 3
- Reifenwechsel auf 16
und so weiter.

Der Schreibende notiert die Begriffe neben die jeweilige Zahl und muß sie sich gleichzeitig einprägen. Sind alle 20 Plätze besetzt, gibt er die Liste an seinen Partner weiter, und der darf ihn jetzt abfragen: Vorwärts, rückwärts und dann natürlich auch in beliebiger Reihenfolge.

Wenn Sie das einige Male gemacht haben, können Sie mit diesen kreativen bildhaften Verknüpfungen, den „Eselsbrücken", so flexibel und selbstverständlich umgehen, daß Sie sie ganz automatisch immer öfter und immer erfolgreicher in der täglichen Praxis anwenden werden.

„Eselsbrücken" automatisch anwenden

Das Betriebsmemory

Ein Beispiel aus der Praxis

An dieser Stelle möchten wir Ihnen ein Beispiel für eine äußerst erfolgreiche praktische Umsetzung geben. Vor ein paar Jahren führte Herr Geisselhart bei einem großen Innenausstatter Süddeutschlands* ein Seminar zum Thema Planung und Verkauf durch, in dessen Verlauf auch die Bedeutung einer guten Erinnerungsfähigkeit zur Sprache kam. Die Teilnehmer befaßten sich ausgiebig mit den Symbolen und deren Einsatzmöglichkeiten. Nach ein paar Wochen kam ein Brief vom Geschäftsführer, in dem dieser berichtete, daß er mit Hilfe der Symbole auf verschiedenen Gebieten große Fortschritte erzielt hatte.

Anwendung auf Arbeitsabläufe

So hatte er mit seinen Mitarbeitern eine Art „Betriebsmemory" erstellt, das an jedem Arbeitsplatz sichtbar aufgehängt war und wesentlich dazu beitrug, daß die elementaren Arbeitsabläufe immer selbstverständlicher vollzogen wurden. Im einzelnen sah dies so aus:

 1. Beckenkartonagen vor Schlosserei.

 2. Großkartonagen zerschneiden auf Palettengröße.

 3. Presse sauber verlassen.

---

* *Die Adresse der Firma lautet:*
Robert Hug GmbH, Autorisierter Corian- und Kreativholz-Fachverarbeiter, Einsteinstr. 11, D-71083 Herrenberg-Gültstein

4. Becken nicht unverpackt zurückstellen.

 5. Platten plan lagern.

 6. Maschinen nicht überlasten.

 7. Pigmentflaschen und Arbeitsfläche und Becher sauber halten.

 8. Ölen der Tische.

 9. Fräse an den richtigen Platz zurücklegen.

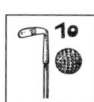 10. Frühzeitige Meldung von offensichtlichen Mängeln.

 11. Holzplattenabschnitte kleiner als 2 Meter x 60 cm in Plattenwagen an der Tischkreissäge stellen.

 12. Aufräumen abends 10 Minuten – wöchentlich 1 Stunde.

 13. Staub vermeiden (Kleider abblasen, Plattenausschnitte, Maschinenpflege).

14. Zeichnung nach dem Schleifen in die Tasche an Günters fahrender Einsatzzentrale.

 15. Nach dem Fräsen Maschinentische an den Fräsen mit Dia-Fräswerkzeug hochfahren.

 16. Die Kom. werden zugeteilt vom Meister.

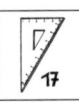 17. Und ist der Auftrag noch so klein, er muß korrekt gestempelt sein.

 18. Stempelkarte und Zeichnung müssen die gleiche Bezeichnung haben.

 19. Nichts auf den Vakuumsack legen.

 20. Werkzeug aus der Schlosserei zurückbringen.

So läßt sich die Symbolreihe firmenspezifisch auf beliebige Arbeitsabläufe anwenden und ausarbeiten.

Anwendung auf Argumentationsketten im Verkauf

Für die Verkäufer wurde eine Reihe von Verkaufsargumenten erstellt, die sie sich ebenfalls mit Hilfe der Symbole so einprägten, daß sie jederzeit abrufbar sind. Es geht um die Vorteile von sogenanntem Kreativholz, einer Holzart, die aus verschiedenen anderen Holzsorten zusammengeleimt wird und dadurch eine enorm hohe Widerstandsfähigkeit erhält. Die Symbole 1 bis 20 stehen für die folgenden Argumente:

1. Bestandteil: Natur pur, Holz durch und durch, Öl absolut biologisch.

2. Eigenschaften: massiv, wie gewachsen, naturelle Strukturen, durch Öl porenlos.

3. Widerstandsfähig, chemikalienresistent (Testreihe), reinigungsfreundlich.

4. Verformbar, gestaltbar, WAP, Kanten.

5. Angenehm im Gefühl, nicht kalt, griffsympathisch, muß man „begreifen".

6. Nicht bruchgefährdet, absolut stabil, reparabel.

7. Lebensmittelunbedenklich.

8. Langlebig, Zukunftsinvestition, wertbeständig.

9. Umweltfreundlich, keine Chemie zur Reinigung, Rücknahmegarantie, keinen Sondermüll in der Entsorgung, blei- und formaldehydfreies Öl ohne FCKW.

10. Solide Eleganz in Form und Farbe, unterwirft sich Design und Kreativität, edel, natürliche Ausstrahlung, Formteile flächenbündig einsetzbar, Formteile unterbaubar.

 11. Hitzebeständig, trotzdem immer Untersetzer verwenden. Schneidbrett aus Kreativholz.

 12. Holz ist uralt, mit vielen negativen Eigenschaften. Kreativholz ist neu, und die negativen Eigenschaften werden weitestgehend aufgehoben.

 13. Sechs Holzarten, auch Kombinationen möglich, auch Kombinationen (Kreuzungen) mit anderen Materialien.

 14. Durch Licht erfolgt eine reine natürliche Veränderung der Farbe.

 15. Hochwertiges Produkt für hochwertige Einrichtungen und hochwertige Kunden; absolut biologisch.

 16. Abschluß: Kundenspezifische Fragen nachfassen.

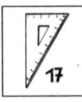 17. Präzision im Material, Verarbeitung, Montage, Aufmaß beachten, Raumwinkel, Schablone.

 18. Preisvergleich darlegen, Angebot unterbreiten.

19. Verkaufsgespräch abschließen.

 20. Auftrag nach Hause fahren.

Diese produktbezogene Argumentationskette war für die Verkäufer und damit natürlich für den gesamten Betrieb ein großer Erfolg: Die Verkaufsgespräche waren einfacher zu führen, die Verkäufer wirkten überzeugend und kompetent, und infolgedessen stieg der Umsatz deutlich an.

Ergebnis: Umsatzsteigerung

Die Einsatzmöglichkeiten der Symbolreihe wachsen in dem Maße, wie sie in verschiedenen Bereichen jeweils praxisbezogen und konkret angewandt werden. Wichtig ist natürlich nach wie vor das konsequente Üben und die Flexibilität im phantasievollen Ausgestalten der Bildverknüpfungen.

Als nächste Übung möchten wir Ihnen vorschlagen, daß Sie sich in die Fußstapfen des oben beschriebenen Kellners (vgl. Seite 58 ff.) begeben und sich eine Speisekarte (aus einer Firmenkantine) einprägen. Nehmen Sie sich dazu genügend Zeit, kreieren Sie lustige und phantasievolle, bunte und bewegte Bilder, und dann überraschen Sie einmal einen lieben Bekannten mit Ihren kulinarischen Kenntnissen ...

Übung: Speisekarte

1. Pizza Napoli
2. Zwiebelfleisch
3. Spaghetti Bolognese
4. Matjesfilet „Hausfrauen-Art"

5. Pfannengyros mit pikanter Soße
6. Rote Tortellini mit Spinatfüllung
7. Schweinerückensteak
8. Gemischte Salatplatte mit Käse
9. Cordon-Bleu vom Schwein
10. Geschmelzte Maultaschen
11. Hähnchenbrustfilet mit Curryrahmsoße
12. Gefüllte Kartoffeltaschen mit Frischkäse
13. Kalbsgulasch 'Stuttgarter Art'
14. Paniertes Schnitzel mit Salaten
15. Grüne Ravioli mit Pilzfüllung
16. Eierpfannkuchen 'Tropicana' mit Fruchtsoße
17. Panierte Scholle mit Remouladensoße
18. gemischte Schinkenplatte
19. Italienischer Salat
20. Serbisches Reisfleisch

Finden Sie weitere Anwendungsmöglichkeiten!

Nun, haben Sie Appetit bekommen? Wenn Sie diese Reihe vorwärts und rückwärts aufsagen können, haben Sie schon einen großen Schritt in Richtung „perfektes Gedächtnis" getan! Sie werden immer mehr Anwendungsgebiete entdecken und immer selbstverständlicher auf Ihre Phantasie und Ihre Kreativität zurückgreifen, um Ihr Leben damit einfacher und effektiver zu gestalten!

An dieser Stelle möchten wir Ihnen eine weitere positive Erfahrung aus dem Berufsalltag schildern: Unser Gedächtnistraining eignet sich unter anderem auch hervorragend für Branchen wie Strukturvertrieb, Bausparkasse oder ähnliches:

Nach einem Seminar, das wir vor kurzem in einem Strukturvertrieb gehalten haben, erfuhren wir, daß einer der Gruppenleiter die Seminarinhalte nach seinen eigenen Bedürfnissen umgestaltet, mit eigenen Inhalten gefüllt und dann seinen

Mitarbeitern weitervermittelt hatte. Diese waren durch die branchenspezifische Aufbereitung bestens vorbereitet und optimal motiviert, ihre Kunden überzeugend zu beraten – und so ließen die Erfolge auch nicht lange auf sich warten. Eine solche praxisbezogene Anwendung ist ein seminartechnischer Fortschritt, wie wir selbst ihn nicht besser gestalten könnten.

3. Lernen wie die Kinder

Das Memory-Prinzip

Sicherlich haben Sie schon einmal mit Kindern Memory gespielt. Aber – haben Sie dabei auch gewonnen? Bestimmt nicht oft, denn bei Kindern ist das fotografische Gedächtnis noch viel aktiver, und sie scheinen nicht die geringsten Probleme zu haben, sich genau zu merken, wo die einzelnen Kärtchen liegen. In der Grundschule lassen diese Fähigkeiten dann nach, denn hier legt man größeren Wert auf logische Zusammenhänge, erklärbare und „vernünftige" Abläufe. So werden Phantasie und Bilderdenken systematisch „abtrainiert", und das müßte nicht sein. Gerade Grundschulkinder können mit der *Geisselhart-Methode* auf spielerische Weise ihre Fähigkeiten erhalten und ausbauen. Wir Erwachsenen können ungemein davon profitieren, wenn wir den Kindern diese Methode nahebringen!

Nehmen Sie zum Beispiel für den Anfang ein ganz normales Memory-Spiel, und legen Sie von jedem Bilderpaar ein Kärtchen beiseite. Dann teilen Sie die restlichen Kärtchen zwischen sich und Ihrem Kind/Ihren Kindern auf. Nun darf jeder abwechselnd aus seinem Stapel zwei Kärtchen aufdecken und eine kleine lustige Geschichte dazu erfinden. Beispiele:

Raupe und Luftballon: Die Raupe klettert am Ballon hoch, weil sie ihn für einen Apfel hält, und beißt hinein. – Der Ballon platzt mit einem lauten Knall.

Erdbeere und Blume: Ich kaufe im Laden einen Blumenstrauß, doch als ich ihn zu Hause auspacke, sind aus den Blumen lauter Erdbeeren geworden.

Schloß und Birnbaum: Der Schloßherr pflanzt einen Birnbaum, der nach ein paar Wochen bereits das ganze Schloß überwuchert.

Wer nun zu seinem Paar eine kleine Geschichte erzählt hat, darf beide Kärtchen umdrehen und aufeinander legen. Sind auf diese Art alle Kärtchen verbraucht, so wird immer das oberste Kärtchen eines Paares aufgedeckt, und die Mitspieler müssen so schnell wie möglich sagen, welches Bild dazugehört.

Sollte das nach einer Weile zu leicht sein, kann man ohne weiteres auch drei oder vier Kärtchen in einer kleinen Geschichte miteinander verbinden und diese dann in Erinnerung rufen. Hier stehen Ihrer Phantasie (und der Ihrer Kinder!) alle Wege offen.

Wenn Sie das einmal mit Kindern gespielt haben, werden Sie staunen, wie unbefangen und phantasievoll die Ideen und Geschichten sind, die den Kindern ganz selbstverständlich einfallen. Zeigen Sie den Kindern einmal die Wortpaare aus dem ersten Kapitel (Omnibus und Kleiderhaken, Saurier und Waschbecken ...). – Sie werden ihre helle Freude daran haben!

Kreativität und Phantasie sind Kindern selbstverständlich

**Ein guter Trick:
die Übertreibung**

Ein wichtiger Aspekt bei allen phantasievollen Verknüpfungen, die Sie mit den Kindern spielerisch üben, ist der Faktor der *Übertreibung*. Übertreibung ist ein einfacher Trick, um Dinge so miteinander zu verbinden, daß sie später gerade wegen der unrealistischen Bildelemente um so leichter wieder abrufbar sind. Wir unterscheiden:

- Übertreibung der Anzahl
- Übertreibung der Größe
- Übertreibung der Farben
- Übertreibung der Formen
- Übertreibung der Aktion/Handlung.

Wir zeigen Ihnen exemplarisch, wie das gemeint ist. Nehmen wir an, Sie wollen sich die Begriffe *Buch* und *Fenster* merken. Folgende Möglichkeiten bieten sich an:

- Das Fenster ist so hoch angebracht, daß Sie nur hinaussehen können, wenn Sie sich auf etwas stellen. Also schleppen Sie Hunderte von Büchern zum Fenster und stapeln sie kunstvoll auf. (Anzahl)

- Sie öffnen das Fenster zum Lüften, und plötzlich schwebt ein Buch herein, das im Zimmer immer größer wird, bis es den ganzen Raum ausfüllt. (Größe)

- Das Buch, das Sie in der Hand halten, hat einen leuchtendroten Einband — und genauso rot ist auch der Fensterrahmen. (Farbe)

- Sie öffnen das Buch, um zu lesen, und plötzlich hat es in Ihrer Hand die Form eines Fensters, und Sie können hinaus in die Landschaft sehen. (Form)

- Während Sie lesen, klappt das Buch auf und zu, und bei jeder Bewegung kommt aus dem Buch ein Fenster herausgeflogen und schwebt durch den Raum. (Aktion/Handlung)

So oder ähnlich können Übertreibungen gestaltet werden. Lassen Sie Ihre Gegenstände handeln, fliegen, singen, reden, was auch immer Ihnen einfällt. Spielen Sie mit Ihren Kindern alle Möglichkeiten durch, und lassen Sie sich von deren Unbedarftheit anstecken. Kinder, die ihre Phantasie entfalten können und spielerisch arbeiten dürfen, haben große Vorteile, wenn es darum geht, sich etwas auf unkonventionelle Weise dauerhaft einzuprägen.

Lassen Sie sich von der Unbedarftheit der Kinder anstecken!

Ein Erwachsener kann beim Üben mit Kindern schon durch einfache Zweierverknüpfungen stufenweise seine verlorengegangene Phantasie wiedererwecken und gleichzeitig wichtige Eigenschaften fördern wie Kreativität, Flexibilität, Kombinationsgabe, positives Denken und Imaginieren sowie das wichtige Lösungs-Findungs-Denken.

Phantasie fördert viele wichtige Eigenschaften

Schon nach wenigen Übungen verbessert sich das Gedächtnis eines aufmerksamen Teilnehmers, sei er jetzt Kind oder Erwachsener, ganz deutlich. Beim kontinuierlichen Weiterüben entstehen Gedächtnisleistungen, die für einen außenstehenden Betrachter überdurchschnittlich bis phänomenal sind.

Wenn Sie den Eindruck haben, daß Ihre Kinder sich für diese Materie interessieren, dürfen Sie Ihnen die Zahlensymbole bis 10 (bei großem Interesse bis 20) nahebringen. Erzwingen Sie nichts,

Spielen Sie mit den Zahlensymbolen!

75

aber lassen Sie die Kinder „mitspielen", wenn Sie mit den Symbolen üben. Kinder im zweiten und dritten Schuljahr lernen nach unserer Erfahrung am leichtesten mit dieser Methode. Natürlich können die kreativen, spielerischen Grundlagen bereits im Kindergarten erlernt werden, wie zum Beispiel mit dem Memory-Spiel.

Für die Größeren eignet sich dann vor allem der anschauliche Lernstoff, so zum Beispiel in den Schulfächern Geschichte, Erdkunde, Chemie, Biologie, Physik, Rechtschreibung, und später auch das Vokabeltraining in den Fremdsprachen.

Versuchen Sie zum Beispiel, sich die folgenden Bodenschätze Südafrikas einzuprägen:

• Baumwolle
• Gold
• Diamanten
• Erdöl
• Blei
• Chrom
• Platin
• Steinkohle
• Uran
• Braunkohle

Wir haben diese Aufgabe gelöst, indem wir uns einen Eingeborenen mit einem riesengroßen Speer vorstellten, der diese Dinge nacheinander aufgespießt hat.

Die kindliche Phantasie ist noch unbelastet

Interessant dabei ist die Beobachtung, daß Kinder durchaus in der Lage sind, diese Gegenstände nach einer Weile auch in umgekehrter Reihenfolge vom Speer „herunterzunehmen" und ins Heft zu schreiben, während dieselbe Übung einem untrainierten Erwachsenen schon nach ein paar Tagen kaum mehr gelingen mag. Dies ist ein weiteres Beispiel dafür, daß Kinder ihre Phantasie besser nutzen. Ihr Vorstellungsvermögen wird noch nicht so stark durch die Umgebung unterdrückt wie bei uns Erwachsenen; deshalb fällt es uns auch oft schwer, diese kindliche Fähigkeit überhaupt zu verstehen.

Das Leben besteht aus (Vor-)Bildern

Kinder sind, auch wenn sie sich auf etwas konzentrieren, im allgemeinen viel entspannter bei der Sache als wir Erwachsenen. Wie oft geschieht es gerade in den ersten Klassen, daß der Lehrer ein Kind aufruft, das offensichtlich gerade „geträumt" hat und zunächst hochschreckt; dann aber stellt sich heraus, es war ganz konzentriert in seinen Gedanken dabei und hatte gerade ein inneres Bild geschaffen, das genau zum Thema paßte. Das Kind hatte sich in seiner Phantasie in dieses Bild hineinversetzt. Die gleiche Beobachtung kann man machen, wenn Kinder lesen, zum Beispiel Abenteuerbücher oder auch (gute!) Comics: Sie sind „Welten entfernt" von der Realität. In diesen Momenten ist die Phantasiewelt ihre Realität, in der sie die geschilderten Geschichten hautnah miterleben.

Kinder konzentrieren sich entspannter

Wenn die Geisselhart-Methode mit Vorschulkindern spielerisch geübt wird, können sie sich ihre Phantasiewelt lange erhalten und später für ihre

Die Phantasie der Kinder erhalten

77

(schulischen) Bedürfnisse einsetzen. Gerade in den ersten Klassen kommen immense Anforderungen auf die Kinder zu: Sie lernen Druckschrift und Schreibschrift, jeweils in großen und in kleinen Buchstaben. Das sind (abgesehen von den Ziffern und Zahlen) 4 mal 26 neue Zeichen, die es zu beherrschen und auseinanderzuhalten gilt. Je besser die Lernmotivation der Kinder angeregt wird, in diesem Fall eben durch unsere Methode des phantasievollen Bilderdenkens, um so leichter wird ihnen der Schulstart fallen.

Ganzheitliche Lernmotivation

Die Lernmotivation ist bei allen Schülern ein wichtiger Faktor. Sie läßt sich über alle fünf Sinne (Sehen, Hören, Fühlen, Riechen, Schmecken) anregen und steigern. Bestimmte pädagogische Richtungen haben dies längst erkannt und richten sich danach. So auch zum Beispiel die Montessori-Pädagogik, die von der italienischen Ärztin Maria Montessori (geboren 1870) begründet wurde:

Die Montessori-Pädagogik

„Maria Montessori (...) entwickelte ein spezielles Lernmaterial und eine Lernmethodik für Hilfsschulkinder. (...) Später wandte sie ihre Methode auch bei normal begabten Kindern an, mit Erfolg. Es gelang ihr, mit Hilfe von sinnlich be-greif-baren Materialien und Freiarbeit Kindern Spaß am Lernen und Neugierde auf Gesetzmäßigkeiten in der Natur zu vermitteln. Ihre Methode fand international Verbreitung. Zu dem verwendeten Material gehörten beispielsweise Buchstaben aus Sandpapier oder Quadrate zum Erlernen des Dezimalsystems.“ (Stuttgarter Zeitung, 18.09.96)

Anerkennung von staatlicher Seite

Montessori-Pädagogik sei „in“, heißt es dort weiter in einem der drei Beiträge zum Thema, und es wird darauf verwiesen, daß sogar das Kultusministerium Baden-Württemberg inzwischen „davon angetan" sei. Denn bei den Kindern ist der Erfolg nachweisbar:

„Im Leistungsbereich seien die Montessori-gewohnten Kinder vergleichbar mit anderen, ihre Stärke liege in der größeren Selbständigkeit. Dahin führe man die Kinder 'ganz langsam', mit dosierter Freiarbeit. (...) Mittels Montessori könnten sich die Kinder im Unterricht stärker bewegen und über die Sensorik lernen. Der Unterricht bekomme eine rhythmischere Struktur."

Auch die baden-würtembergische Kultusministerin *Dr. Annette Schavan „... hält große Stücke auf den Versuch, mittels Montessori den Entwicklungsprozeß des Kindes positiv zu beeinflussen (...). Ein freies Arbeiten mit sinnvollen Materialien für die Sinnesarbeit sei da besonders zuträglich."* (ebenda)

Mit allen Sinnen die Phantasie anregen, das ist gerade in der heutigen hektischen Zeit für ein Kind die beste Voraussetzung, um mit seinen eigenen Kräften den anspruchsvollen Schulalltag erfolgreich zu bewältigen, weil ihm dann die „Arbeit" leichtfällt und obendrein noch Spaß macht.

Alle 5 Sinne für die Phantasie

Sie können Ihren Teil dazu beitragen, wenn Sie Ihren Kindern die Grundlagen des Gedächtnistrainings, das phantasievolle Bilderdenken ohne die Grenzen der Logik und Vernunft, auf einfache, spielerische Weise nahebringen. Der positive Nebeneffekt dabei ist, daß Sie selbst von Ihren Kindern lernen und sich vieles abschauen können!

Mit größeren Kindern läßt sich die folgende Übung mit viel Vergnügen „spielen":

Jeder Mitspieler (anfangs am besten nur zwei, später dürfen es auch mehrere sein) notiert sich jeweils zehn Begriffe zu einem der folgenden Themen und numeriert sie durch:

- Blumen
- Kleidungsstücke
- Sportgeräte
- berühmte Personen
- Haushaltsgeräte
- Berufe
- Möbelstücke
- gute Filme
- Ausflugsziele
- Pflanzen
- Tiere
- große Städte
und so weiter.

Dann nennt jeder der beiden Mitspieler seinen ersten Begriff und denkt sich eine eigene Verknüpfung für das genannte Wortpaar aus. Er darf diese dem anderen ruhig mitteilen. Einprägen sollte er sich aber jeweils das eigene Bild, weil die Erinnerung daran später besser funktioniert als an das fremde Bild.

Wenn alle zehn Begriffspaare genannt und abgespeichert sind, nimmt sich jeder Mitspieler ein neues Blatt und versucht, die Wortpaare aus der Erinnerung aufzuschreiben.

Diese Übung kann man nach einiger Zeit auch zu dritt machen oder zu viert; die Geschichten werden dann automatisch etwas länger. Genauso ist es möglich, mehrere Listen gleichzeitig zu verwenden oder die einzelnen Begriffe auf kleine Kärtchen zu schreiben und für eine neue Runde zu mischen. Lassen Sie Ihrer Phantasie auch beim Aufstellen neuer Regeln freien Lauf. Wichtig ist vor allem der Spaß am Spiel.

„Probier's mal mit Gemütlichkeit" – Entspannt lernt es sich leichter

Wir haben oben bereits angesprochen, daß sich kleine Kinder, wenn sie sich konzentrieren, oftmals in einem entspannten Zustand befinden. Dieser Zustand ähnelt dem Alpha-Zustand, den wir Erwachsene meist nur mit Hilfe von speziellen Entspannungstechniken (z. B. autogenem Training) erreichen können. Die Fähigkeit zu entspannter Konzentration ist der Grund, weshalb Kindern das Lernen in den ersten Jahren viel leichter fällt.

Leichter lernen im entspannten Zustand

Viele Psychologen und Lern-Methodiker haben das inzwischen erkannt und ihre Arbeit entsprechend ausgerichtet. Es gibt für Erwachsene ein unübersehbar breites Spektrum an mentalen Lerntechniken: Lernen in Trance, Lernen in Entspannung, Superlearning, sogenannte Mind-Machines, die den Geist im Halbschlaf berieseln, und vieles mehr.

Mentale Lerntechniken – der Markt boomt

Entspannung gegen Schulstreß

Auch Kinderpsychologen wenden immer öfter Entspannungsmethoden an, um ihren Patienten bei Schwierigkeiten (z. B. Schulstreß) effektiv zu helfen. Vor kurzem wurde in einer Fachzeitschrift über einen Heilpraktiker berichtet, der Schulkindern mit Suggestionen in Form von kindlich-verspielten Träumereien die Ängste vor der Schule nimmt, Spaß am Lernen vermittelt und so die Grundlagen dafür schafft, daß bei diesen Kindern die Freude am Lernen und die nötige Konzentration wieder vorhanden sind.

Bewußtes Entspannen ist wichtig

Gerade weil wir als Erwachsene von Natur aus nicht mehr so entspannt und entspannungsfähig sind wie die Kinder, müssen wir um so mehr darauf achten, daß wir uns diesen Zustand immer wieder bewußt erschaffen. Denn in unserem hektischen Alltag sind Zeiten, wo wir uns bewußt entspannen, wichtiger geworden denn je, einerseits als Ausgleich zur Arbeit und Anspannung, andererseits um konzentriertes geistiges Arbeiten zu ermöglichen und zu erleichtern. Es ist wissenschaftlich nachgewiesen, daß unser Gehirn im Alpha-Zustand am besten empfänglich ist und am leichtesten arbeiten kann.

Versuchen Sie einmal, in einer Situation, in der Sie voll gefordert sind und mitten im Streß stehen, ein kompliziertes geistiges Problem zu lösen – das geht nicht! Sie wissen es ja selbst: Wenn Sie ein anspruchsvolles Buch lesen, eine Konferenz vorbereiten müssen, ein wichtiges Telefonat führen wollen – Sie werden dafür sorgen, daß Sie Ruhe haben und möglichst ungestört sind.

Wie erreichen Sie nun den Alpha-Zustand, in dem Ihr Gehirn statt der üblichen 14 oder mehr Schwingungen pro Sekunde nur noch zwischen 7 und 14 Schwingungen produziert? Es gibt die verschiedensten Methoden, wie autogenes Training, Muskelentspannung, Meditation und so weiter. Wenn Sie ein Volkshochschulverzeichnis aufschlagen, werden Sie ein reichhaltiges Angebot an unterschiedlichen Techniken vorfinden. Wichtig ist aber vor allem, daß Sie einen Weg finden, der Ihnen persönlich gefällt und mit dem Sie nach ein wenig Übung gut umgehen können.

Der Alpha-Zustand

Eine einfache Methode, die Sie jederzeit auch ohne Vorkenntnisse praktizieren können, ist das Beobachten Ihres Atems: Sie setzen sich ruhig und möglichst aufrecht hin, schließen Ihre Augen und achten auf Ihren Atem. Wo fließt er hin? Hebt und senkt sich der Brustkorb, oder atmen Sie in den Bauch? Zählen Sie Ihre Atemzüge rückwärts, von 20 bis 1, und versuchen Sie, dabei an nichts anderes zu denken. Sie werden sehen, daß Sie schon durch diese einfache Übung einen Großteil Hektik und Alltag abschütteln können. Ihr Kopf wird frei für andere Dinge, für geistiges Arbeiten oder zum Beispiel für Gedächtnistraining.

Einfach: die Atemtechnik

Im Alpha-Zustand sind wir der Welt unserer Phantasie wieder ganz nahegerückt; die Funktionen und Möglichkeiten der rechten Gehirnhälfte werden genauso in Anspruch genommen wie die der linken. Das Denken in Bildern, das Erfinden phantasievoller Geschichten fällt uns leichter, unserer Vorstellungskraft sind keine Grenzen gesetzt.

Der Phantasie ganz nahe sein

„Durch die Integration beider Gehirnhälften entsteht eine Intelligenz, die weit größer ist als die Summe ihrer Teile. Eine Intelligenz, die jenseits der Spezialisierung und jenseits der individuellen Verarbeitungsmechanismen jeder Hemisphäre existiert. Diese Intelligenz ist der unbekannte Faktor. Es ist jene Schöpferkraft, die erfindet, kreiert und entdeckt. Vielleicht werden wir diesen unfaßbaren Gedanken nicht wirklich verstehen können, aber wir sollten nie aufhören, es zu versuchen. Wir müssen den Kindern dieser Welt eine Chance geben, ihre höchsten Gipfel zu erreichen.“ (Meister Vitale, 1996)

4. Gedächtnis und Rhetorik

Die Anwendbarkeit von Phantasie im Berufsleben

Phantasie und Kreativität spielen in unserer Gesellschaft eine wichtige Rolle. Denken Sie an die vielen Erfindungen in Wissenschaft und Kunst, an die neuen Ideen in Management und Marketing und so weiter. Je mehr Sie, gerade auch im Berufsleben, in Bildern denken und sprechen, um so gezielter kommt Ihre Aussage bei Ihrem Gegenüber an, weil er sie um so leichter nachvollziehen kann. Das können Sie selbst ganz einfach testen: Stellen Sie sich vor, ein Bekannter beschreibt Ihnen seine neue Nachbarin. Um wieviel schneller gewinnen Sie einen Eindruck von der Dame, wenn er Ihnen statt der verbalen Beschreibung ein Foto zeigt! Ein Bild kann viele Informationen gleichzeitig vermitteln: Sie sehen auf einen Blick, daß sie fröhlich und jung und gepflegt und langhaarig und blond und braunäugig und herzlich ist. Wie viele Worte wären nötig, um all das zu vermitteln!

Kreative Bilder kommen an

Genauso ist es auch mit Reden, Präsentationen, Besprechungen und anderen beruflichen Aufgaben: Ein konkreter, bildhafter Stil fesselt die Aufmerksamkeit der Zuhörer und Gesprächspartner sehr viel stärker als eine Sprache, die ausschließlich mit abstrakten Begriffen und Fremdwörtern garniert ist. Eine einfache, bilderreiche Ausdrucksweise ist für die Zuhörer klar und verständlich, und vor allem wissen sie vermutlich

Eine bildhafte Sprache fesselt die Zuhörer

auch nach ein paar Tagen noch, über was gesprochen wurde.

Ordnung und Flexibilität

Durch die Zuhilfenahme von Phantasie, Bildern und den Zahlensymbolen schaffen Sie einerseits eine klare Ordnung in Ihren Aussagen, andererseits ermöglichen Sie sich auch eine größere Flexibilität im Vortrag. Je mehr Sie sich daran gewöhnen, in Bildern zu denken und zu sprechen, desto lebendiger, anschaulicher und überzeugender werden Ihre Aussagen.

Die Zahlensymbole bilden den roten Faden

Die Symbole gewährleisten eine Reihenfolge, ein Gerüst, an dem Sie sich jederzeit orientieren können. Sie sind nicht an den geplanten Ablauf gebunden, sondern können nach Bedarf einzelne Punkte vorgreifen oder zurückstellen. Sie können auf den jeweiligen Gesprächspartner und seine Fragen reagieren und trotzdem jederzeit den roten Faden wieder aufgreifen. Sie brauchen niemals zu befürchten, daß Sie ein wichtiges Argument oder einen interessanten Aspekt eines Themas übersehen oder vergessen; anhand der Symbole können Sie in Gedanken blitzschnell „abhaken", ob Sie alles Wichtige erwähnt haben. *Das Gleichgewicht aus vorgegebener Struktur und flexibler Kreativität ermöglicht Ihnen die freie Handhabung einer Präsentation und erzielt ein zufriedenstellendes Ergebnis beim Redner und Zuhörer.*

Natürlich wollen wir Ihnen auch hier wieder ein Übungsbeispiel vorschlagen, mit dem Sie die praktische Umsetzung unserer Methode im Bereich der Rhetorik selbst trainieren können.

Nehmen Sie an, Sie wollen einen Vortrag halten zum Thema „Wie werde ich ein guter Redner?", und Sie wollen auf die folgenden Aspekte eingehen:

1. Thema
2. Gliederung
3. Pause
4. Atmung
5. Höhepunkt
6. Aussprache
7. Spechtempo
8. Lautstärke
9. Gesten
10. Mimik
11. Augen
12. Haltung

Verknüpfen Sie diese Punkte in lebendigen Bildern mit den Zahlensymbolen von 1 bis 12, und überprüfen Sie dann (wie immer: vorwärts und rückwärts), ob Sie sich noch an alles erinnern. Können Sie auch spontan sagen, was an vierter oder an neunter Stelle kommt? Dann können Sie ohne Bedenken Ihren Vortrag halten.

Versuchen Sie es einmal, und tragen Sie das Thema einem guten Freund vor. Sie werden sehen: Sie können sich auf Einwände, Fragen und Kritik einlassen, Sie können einzelne Punkte aus dieser Liste ganz ausführlich diskutieren, andere vorziehen oder die Reihenfolge nach Bedarf ändern, und doch sind Sie sicher, daß Sie nichts vergessen werden. Denn jeder Punkt ist ja mit einem Zahlensymbol verbunden, und wenn Sie zum Schluß die Symbolreihe im Geiste durchgehen, können

Die Symbole geben Ihnen Sicherheit

Sie noch einmal überprüfen, ob Sie wirklich alles genannt haben.

Als Anregung geben wir Ihnen auch hier wieder Einblick in unsere phantasievollen Bilder:

1. Sie wollten schon immer mal über das *Thema* „Faszination einer brennenden *Kerze*" sprechen ...
2. Während Sie noch über die Einteilung Ihrer Rede nachdenken, kommt zischend ein *Schwan* anstolziert und zerreißt Ihr Konzept. Sie sind wütend – aber Sie haben eine *Gliederung.*
3. Mitten in Ihrer Rede hält ein Zuschauer auf einem *Dreizack* ein Schild in die Höhe mit der Aufschrift *„Pause".*
4. Sie sind außer *Atem,* und um wieder Luft zu bekommen, inhalieren Sie den Duft einer würzigen grünen *Klee*wiese.
5. Am *Höhepunkt* Ihrer Rede jubelt Ihnen das Publikum begeistert zu – tausend *Hände* winken und klatschen laut Beifall.

Und so weiter. Sie sehen sicherlich, auf was wir bei den Verknüpfungen Wert legen:

- Schaffen Sie lustige, originelle Bilder.
- Nehmen Sie die erste spontane Assoziation, die Ihnen einfällt – sie ist meistens auch die beste!
- Gestalten Sie Ihre Bilder so lebendig wie möglich, und fügen Sie auch Geräusche, Gerüche, Farben und Gefühle hinzu (z. B. Hände klatschen laut, würzige grüne Kleewiese, wütend).
- Übertreiben Sie ruhig: Je „merk-würdiger" Ihr Bild ist, um so besser läßt es sich merken!
- Sehen Sie Ihr Verknüpfungsbild intensiv, deutlich, plastisch und lebhaft in allen Einzelheiten vor sich!

Lassen Sie Ihre Phantasie spielen, lassen Sie Ihrer Kreativität freien Lauf – Sie werden auch im Berufsleben deutlich davon profitieren!

Zehn Ratschläge zur intelligenten Anwendung

Je länger Sie sich nun mit unserer Methode des Gedächtnistrainings befassen, um so selbstverständlicher gehen Sie auch mit den Bildsymbolen um: Sie werden sie mit der Zeit auch anwenden, um wichtige Fakten zu sortieren und geordnet abzuspeichern, die andere zur Sprache bringen. So erlangen Sie schon nach kurzer Zeit einen Wissensvorsprung, und Ihre Kenntnis um Zusammenhänge und Hintergründe macht Ihre eigenen Aussagen souverän und glaubhaft. Indem Sie sich Gehörtes mit Hilfe unserer Methode immer gleich einprägen, eignen Sie sich einen gesunden Wissensdurst an und gewinnen gleichzeitig an gedächtnistechnischer Sicherheit.

Einprägen wichtiger Fakten beim Zuhören

Diese kreative Methode macht Ihre Arbeit effektiv. Es ist kein stures Auswendiglernen von spröden Inhalten wie in der Schule, sondern eine selbstschöpferische und bereichernde Tätigkeit, die deutlich mehr Spaß macht. Seien Sie ehrlich: Haben Sie nicht schon an so mancher Stelle im Text geschmunzelt über unsere phantasievollen Kreationen?

Kreativität statt sturen Paukens

Und damit Sie auch genügend Möglichkeiten haben, um Ihre Phantasie spielen zu lassen, prägen

Sie sich rasch die folgenden zehn Roman-Bestseller ein und überraschen damit morgen Ihre Kollegin im Büro:

1. Vom Winde verweht
2. Ben Hur
3. Soweit die Füße tragen
4. Das Tagebuch der Anne Frank
5. Der Stoff, aus dem die Träume sind
6. Angelique
7. Loriots heile Welt
8. Hurra, wir leben noch
9. Die drei Musketiere
10. Roots

Schauen Sie sich die Titel nacheinander an, und erfinden Sie jeweils ein lustiges Bild. Zum Beispiel könnte der Wind das *Kerzenwachs* „verwehen" und zu einem breiten Fluß werden lassen, Ben Hur hat sich, nachdem sein Wagen beschädigt ist, als Mittel zur Fortbewegung einen großen weißen *Schwan* ausgesucht und so weiter. — Seien Sie erfinderisch!

Phantasie macht die Kommunikation lebendiger

Mit humorvollen Bildern und Ideen gehen Ihnen auch Ihre Reden und Argumentationen viel leichter über die Lippen (ebenfalls ein schönes Beispiel für ein einprägsames Bild!), und die Gespräche, an denen Sie beteiligt sind, werden lebendiger. Diese Lebendigkeit von innen heraus und die Souveränität, die aus Ihrer Methode und der Fülle der Ihnen verfügbaren Informationen resultiert, verbessern Ihre Kommunikationsfähigkeit. Je erfolgreicher Sie damit sind, um so mehr steigt Ihre Motivation, und es gilt:

„Bei allen Tätigkeiten, für die Sie eine hohe Motivation haben, ist automatisch auch Ihre Konzentration hervorragend." (Geisselhart/Burkart,1995, S. 108)

Konzentration, Intelligenz, Motivation und unsere Methode des Gedächtnistrainings fördern und entwickeln sich gegenseitig:

Positive Eigenschaften fördern sich gegenseitig

„Wenn Sie eine dieser Eigenschaften bewußt fördern und stärken, wachsen die anderen automatisch mit." (ebenda, S. 109)

Im folgenden möchten wir Ihnen zehn konkrete Ratschläge geben, mit deren Hilfe Sie die Braining-Methode in Ihrem beruflichen Kommunikationsverhalten noch effizienter und klarer umsetzen können:

Konkrete Ratschläge für die Praxis

1. Sprechen Sie anfangs nur über Themen, bei denen Sie Ihrem Publikum gegenüber einen praktischen Erfahrungsvorsprung haben. Auf einem vertrauten Wissensgebiet bewegen Sie sich sozusagen auf festem Boden (Bild!) und geraten inhaltlich nicht so schnell ins Schleudern (Bild!), wenn unerwartete Fragen auftauchen.

Wissensvorsprung gibt Sicherheit

2. Achten Sie darauf, daß Sie sich sehr konkret und anschaulich ausdrücken. Verwenden Sie nachvollziehbare Beispiele aus der Alltagswelt der Zuhörer, und nutzen Sie eventuell vorhandene Sympathien ruhig für sich. Je mehr Sie durch Ihren bildhaften Stil fesseln, um so länger bleibt Ihnen die volle Aufmerksamkeit Ihrer Zuhörer erhalten!

Sprechen Sie bildhaft und anschaulich

Ihr Gedankengang sollte nachvollziehbar sein

3. Stellen Sie Ihre Erkenntnisse und Behauptungen nicht einfach in den Raum, sondern machen Sie deutlich, wie Sie zu diesen Aussagen gelangt sind. Lassen Sie Ihr Publikum ein Stück Ihres gedanklichen Weges nachvollziehen. Um so einleuchtender werden Ihre Lösungsvorschläge erscheinen!

Kleine Schritte

4. Entwickeln Sie Ihre Rede immer vom Bekannten zum Unbekannten, vom Einfachen zum Komplexen, vom leicht Verstehbaren zum schwer Verständlichen. Je kleiner und überschaubarer Sie diese Schritte gestalten, um so leichter wird es den Zuhörern fallen, Ihnen zu folgen.

Neues nur in kleinen Portionen

5. Zeigen Sie neue Horizonte nur in dem Maße, wie sie auch verstanden werden können. Es hat wenig Sinn, große Ideen und neue Theorien auszuspinnen, mögen sie Ihnen auch noch so plausibel sein, wenn Ihre Zuhörer sie nicht nachvollziehen können. Denken Sie daran, daß Ihr Publikum ja etwas von Ihnen erfahren oder lernen will, und das sollte sich nicht auf die Erkenntnis beschränken, daß Sie ein wenig „abgehoben" sind ...

Ersparen Sie Ihrem Publikum Altbekanntes

6. Erzählen Sie nichts, was Ihre Gesprächspartner schon wissen, auch wenn das im Verkaufstraining oft angeraten wird.

Runden Sie Ihr Thema durch ergänzende Aspekte ab

7. Jeder Mensch versucht, sein Tun und Denken dadurch abzurunden und zu vervollkommnen, daß er Aspekte in seinem Verhalten beachtet und betont, die bisher noch nicht so stark zum Zuge kamen und seinem normalen Verhalten vielleicht sogar widersprechen. Die so entstehende Abrundung schafft Harmonie und Vorsprünge. Berücksichtigen Sie dies auch bei Ihrer Themengestaltung.

8. Deuten Sie mehr an, behaupten Sie weniger! Dadurch hat der Zuhörer mehr Spielraum für die eigene Phantasie; seine persönliche Freiheit im Denken bleibt gewahrt. Er ist geistig stärker gefordert, sich die Zusammenhänge und Konsequenzen selbst herzustellen, und bekommt nicht nur fremdes Wissen „eingetrichtert".

Lassen Sie Ihren Zuhörern gedankliche Spielräume

9. Die Rolle des Beobachters erleichtert das Erkennen von Zusammenhängen und Hintergründen und gewährleistet aus der Vogelperspektive mehr Durchblick als „vom Boden aus". Lassen Sie Ihre Zuhörer von Zeit zu Zeit diese Perspektive einnehmen, und denken Sie auch für sich selbst daran: Wann immer es möglich ist, distanzieren Sie sich für einen Augenblick von Ihrer Person und sehen Sie sich „von außen" zu.

Die Vogelperspektive erleichtert das Erkennen von Zusammenhängen

10. Sammeln Sie in einem speziellen (Rhetorik-)Tagebuch alle wichtigen Erfahrungen, die Sie mit eigenen oder fremden Reden machen. Werten Sie die Erlebnisse für Ihren persönlichen Gebrauch aus, und gestalten Sie sie nach Bedarf um. So werden Sie immer sicherer in der intelligenten Anwendung dieser Richtlinien im privaten wie im beruflichen Bereich.

Sammeln Sie Erfahrungen, und nutzen Sie sie

Tip: Wenn Sie möchten, können Sie sich diese zehn Ratschläge mit Hilfe der Zahlensymbole einprägen; Ihrem Enthusiasmus beim Üben sind keine Grenzen gesetzt!

Die freie Rede aus der Adlerperspektive

Wir gehen noch einen Schritt weiter und prägen uns die Grundlagen für eine freie Rede ein. Stellen Sie sich vor, Sie sollen einen Vortrag halten zum Thema „Der gebildete Mensch" und haben den folgenden Text als Vorlage (der Absatz ist entnommen aus dem Buch von Peter F. Drucker: Neue Realitäten: Wertewandel in Politik, Wirtschaft und Gesellschaft. Düsseldorf: Econ Verlag, 1989, S. 289).

Verknüpfung mit Zahlensymbolen

Wie fangen Sie nun an? Zunächst werden Sie den Text sorgfältig und konzentriert durchlesen. Danach teilen Sie ihn in kleine Abschnitte ein, die Sie im dritten Schritt mit je einem Zahlensymbol verknüpfen.

Das sieht in unserem Beispiel so aus:

Der gebildete Mensch
1. Bildung ist der Brennstoff der Wirtschaft.
2. Bildung gestaltet die Gesellschaft.
3. Diese Dinge geschehen jedoch nur durch das „Produkt" der Bildung, den gebildeten Menschen.
4. Ein gebildeter Mensch ist gleichermaßen ausgerüstet, ein lebenswertes *Leben* zu führen und seinen *Lebensunterhalt* zu verdienen.
5. Sokrates und Arnold von Rugby betonten das „Leben" und taten die „Erarbeitung des Lebensunterhalts" als unerheblich, wenn nicht gar als vulgär ab.

6. Nur wenige Menschen in unseren Gesellschaftsordnungen stellen jedoch so wenige Ansprüche wie Sokrates, der Philosoph, oder sind mit solch reichen Vätern ausgestattet wie Arnolds „Gentlemen".

7. In allen übrigen Bildungsphilosophien aber waren beide Bereiche, Leben und Lebensunterhalt, immer ausgewogen vertreten. So wird es auch in der Wissensgesellschaft um die Bildung stehen.

8. Die Wissensgesellschaft kann sich weder den geschulten Barbaren leisten, der zwar gutes Auskommen hat, aber kein lebenswertes Leben führt, noch den kultivierten Amateur, der sich weder engagiert noch Leistung erbringt.

9. In der Wissensgesellschaft wird das Bildungswesen Bildung, Leistungsbereitschaft und zugleich „Tugend" vermitteln müssen. Zur Zeit aber vermitteln unsere Bildungssysteme beides nicht.

10. Dies liegt daran, daß wir folgende Frage nicht gestellt haben: Was macht einen gebildeten Menschen in der Wissensgesellschaft aus?

So weit die Textvorgabe. Nun sind Sie an der Reihe: Verknüpfen Sie Satz für Satz mit dem entsprechenden Symbol. Bei solchen abstrakten Inhalten ist das nicht mehr ganz so einfach, doch mit ein wenig Phantasie werden Sie es schon schaffen.

Wir geben für den Anfang ein wenig Hilfestellung:

1. Stellen Sie sich eine *Wirtschaft* (Kneipe) vor, wo auf jedem Tisch ein paar *Kerzen* als *Brennstoff* stehen.
2. Der *Schwan* ist von stolzer (Ein-)*Bildung,* vornehmer *Gestalt* und meistens in *Gesellschaft* anderer Schwäne.

Übung für fortgeschrittene Gedächtnisspezialisten

Und schon haben Sie die wichtigsten Begriffe der beiden ersten Sätze zur Verfügung! Versuchen Sie es selbst mit den folgenden Absätzen, und verzweifeln Sie nicht, wenn es nicht auf Anhieb klappen sollte: Dies ist eine Übung für fortgeschrittene Gedächtnisspezialisten. Wenn Sie noch Schwierigkeiten haben mit den abstrakten Begriffen, wenden Sie sich ruhig noch einmal den vorgegangenen Kapiteln zu – und üben Sie mit Ihren Kindern! Hier sind Kinder die besten Lehrmeister und bringen oft die schönsten, phantasievollsten Ideen und Bilder hervor.

Eine weitere Möglichkeit, wie Sie sich abstrakte Begriffe oder Inhalte abrufbar einprägen können, ist die folgende Aufgabe:

Erstellen Sie selbst eine Liste von mindestens 10 Werbeideen (alternativ: Verbesserungsvorschlägen), die man in Ihrer Firma umsetzen könnte. Ordnen Sie Ihre Ideen anschließend nach ihrer Wichtigkeit, und verknüpfen Sie sie mit den Symbolen.

Lassen Sie Ihre Phantasie Purzelbäume schlagen

Setzen Sie für diese zehn Ideen Ihre ganze Kreativität ein, lassen Sie Ihre Gedankengänge ruhig einmal Purzelbäume schlagen. Stellen Sie sich die Dinge bildhaft und im Detail vor, auch wenn Ihnen dies auf den ersten Blick absurd und unrealisierbar erscheint; oftmals erwachsen gerade aus solchen Ansätzen die brauchbarsten Vorschläge.

Nehmen Sie die Perspektive des „Adlerblicks" ein, und betrachten Sie die Dinge „von oben". Je mehr es Ihnen gelingt, sich von der Verhaftung im Alltag zu lösen und sich hinaufzuschwingen in die Höhen der Phantasie, um so leichter werden Sie neue Lösungen entdecken und Zusammenhänge erkennen, die Ihnen vorher nicht zugänglich waren.

Mit dem „Adlerblick" Zusammenhänge orten

Wenn Sie sich in dieser kreativen und bilderreichen Ebene spielerisch und experimentierfreudig umherbewegen, dürfte es Ihnen auch nicht mehr so schwerfallen, die Beispiele aus der obigen Rede mutig und frech in entsprechende Bilder zu kleiden. Wollen Sie es noch einmal versuchen?

Und wenn Sie sich Ihre Werbeideen oder Verbesserungsvorschläge kreativ und abrufsicher eingeprägt haben, dann seien Sie auch so mutig und tragen sie der zuständigen Stelle in Ihrer Firma vor. Sie werden sehen, daß es sich lohnt!

Zeigen Sie, was Sie können!

5. Erfolgsprinzipien für jeden Tag

Was gestern in der Zeitung stand – die gezielte Auswertung

Interessantes immer gleich einprägen

Das ist Ihnen sicherlich auch schon passiert: Sie haben einen interessanten Artikel gelesen – und konnten sich später nicht mehr daran erinnern, in welcher Zeitung das war. Oder: Sie haben ein Inserat gesehen und wollen das gezeigte Produkt später kaufen. Leider wissen Sie nun nicht mehr, wo das Inserat erschienen war. Solche Lücken in der Erinnerung können Sie mit den Zahlensymbolen ganz leicht beheben, vorausgesetzt, Sie prägen sich die Dinge, für die Sie sich interessieren, immer gleich richtig ein. Das hört sich nach einem immensen Gedächtnisaufwand an, doch das ist es gar nicht: Das bildhafte Abspeichern von Daten, Fakten, Eindrücken und so weiter wird Ihnen von alleine zur Gewohnheit werden, je öfter Sie dieses System anwenden.

Machen Sie zum Spaß einmal diese Übung:

Den Inhalt einer Zeitung abspeichern

Sie nehmen sich eine Illustrierte zur Hand, die mindestens 80 Seiten umfaßt und reich bebildert ist. Dann verknüpfen Sie die ersten 20 Überschriften mit je einem Zahlensymbol. Schaffen Sie wieder lustige, lebendige Bilder, und prägen Sie sich diese gut ein. Vielleicht sind zu den einzelnen Artikeln Bilder abgedruckt, die Sie für Ihre Verknüpfungen mitverwenden können. Nach einer kleinen Pause kontrollieren Sie dann, wie viele der Überschriften Sie sich ins Gedächtnis zurückrufen können, und versuchen Sie auch, sich zugleich an möglichst viele Einzelheiten zu erinnern.

Sie können auch jeweils zwei Überschriften mit einem Symbol verbinden, oder Sie fangen in der Zeitschrift von hinten an, oder Sie nehmen nur jeden dritten Bericht – Ihrer Phantasie und Experimentierfreude sind keine Grenzen gesetzt.

Wenn Sie sich nicht nur einen groben Überblick über den Inhalt einer Zeitschrift, sondern ganz gezielt den Inhalt eines wichtigen Berichts aneignen wollen (beispielsweise einen Artikel in einem Buch oder in einer Fachzeitschrift), wird es Ihnen helfen, wenn Sie die wichtigsten Sätze mit einem farbigen Stift kennzeichnen. Sie brauchen dann beim zweiten Durchgang nicht mehr den ganzen Text zu lesen, sondern können sich auf die markierten Sätze konzentrieren und diese mit Hilfe der Zahlensymbole abspeichern. Später werden Ihnen beim Abrufen dieser Schlüsselsätze bzw. -bilder automatisch auch die dazugehörigen Informationen wieder einfallen. Die gespeicherten Bilder sind wie Schubladen, in denen die anderen Informationen sortiert und abgelegt sind.

Bilder fungieren als Informations- „Schubladen"

Machen Sie auch dazu am besten gleich eine Übung:

Suchen Sie sich einen etwas längeren Artikel in einer Tageszeitung, der über ein wissenschaftliches, politisches oder wirtschaftliches Thema berichtet. Lesen Sie ihn gründlich durch, und unterstreichen Sie mit einem farbigen Stift die wichtigsten Sätze. Beim nächsten Durchgang lesen Sie nur die markierten Stellen und verknüpfen sie mit den Zahlensymbolen.

Nach einer Pause von 2 bis 3 Stunden versuchen Sie dann, die Kernaussagen des Textes anhand der Symbole zu rekapitulieren. Können Sie sich noch an alle unterstrichenen Sätze erinnern? Welche Detailinformationen fallen Ihnen dazu jeweils ein? Machen Sie sich ruhig die Mühe, und schreiben Sie einmal alle Informationen auf, an die Sie sich erinnern. – Sie werden staunen, was Ihr Gedächtnis inzwischen ohne größere Anstrengung zu leisten imstande ist!

Die 3- bis 5fache Textmenge merken

Wenn Ihnen noch alle Bilder zugänglich waren, können Sie in einem nächsten Durchgang weitere Details aus dem Text „anknüpfen". Sie werden sehen, wie gut das geht: Sie können sich auf diese Weise die drei- bis fünffache Textmenge merken! Im Laufe der Zeit können Sie sich auch an größere Artikel, Aufsätze und sogar ganze Bücher wagen.

Bilderdenken schafft neue Zusammenhänge

Wer auf diese vergleichsweise einfache und effektive Art Inhalte und wichtige Informationen im Gedächtnis speichern kann, wird vor allem im Berufsleben oftmals bedeutende Vorteile gegenüber anderen haben. *Durch das gezielte Denken in Bildern entstehen in Ihrer Vorstellung automatisch neue Zusammenhänge. Sie vernetzen die Informationen, die Ihnen zur Verfügung stehen, auf allen möglichen Ebenen miteinander und erkennen so immer wieder neue Chancen, Möglichkeiten und Lösungen.*

Bildhaftes Lösungsdenken im Beruf

Deshalb auch unser Rat: Wenn Sie berufliche Lösungen suchen, dann denken Sie bildhaft: Sehen Sie die Szenen in Ihrer Umgebung und das Verhalten Ihrer Mitmenschen klarer und deutlicher, als Gesamtbild. Spielen Sie in Ihrer Phantasie mit den einzelnen „Puzzleteilen"; versuchen Sie, in Gedanken neue Wege zu gehen.

Noch ein wichtiger Tip am Rande: Sie können nur die Worte, Begriffe und Formulierungen in Bildern abspeichern, die Sie auch genau verstanden haben. Fremdworte oder EDV-Abkürzungen, die Sie nicht kennen, ergeben auch kein klares Bild! Bemühen Sie sich also zunächst um Verständnis; fragen Sie nach, oder nehmen Sie ein Lexikon bzw. Nachschlagewerke zur Hand. Beginnen Sie mit einfachen Ideen und Sachverhalten, und steigern Sie die Menge und Komplexität ganz langsam.

Nur Verstandenes ist erinnerbar

Kreatives Denken und Persönlichkeitsgewinn

Ein Mensch, der viel in Bildern denkt, wird zu einem mächtigen und bewußten Baumeister seiner eigenen Welt: Er erprobt in seiner Phantasie neue und unbekannte Wege, er stellt sich Situationen und Reaktionen vor, er spielt in Gedanken mit tausend Möglichkeiten. Seine lebendige und klare Vorstellungskraft lenkt die Aufmerksamkeit in geordnete Zielbilder und somit direkt auf die wesentlichen Punkte und Aufgaben in seinem Leben.

Mit Phantasie zu neuen Welten

Je mehr Sie automatisch und selbstverständlich in Bildern denken, um so mehr Möglichkeiten haben Sie: Sie können Ihre tiefer liegenden Eigenschaften entdecken und zur Perfektion entwickeln, neue Eigenschaften fördern, Ihr persönliches Verständnis von Zusammenhängen und kausalen

Sich selbst entdecken und motivieren

Abläufen verstärken und nicht zuletzt Ihre eigene Motivation ausbauen und für Ihre ganz persönlichen Ziele nutzen.

Mit Übung zu erstaunlichen Gedächtnisleistungen

Das Denken in Bildvorstellungen folgt anderen Gesetzmäßigkeiten als das sonst übliche lineare Denken in Ursache-Wirkung-Schablonen. Beispiele dafür sind die zahlreichen Gedächtniskünstler, die nach relativ kurzer Übungszeit bereits allerlei erstaunliche Zauberkunststücke und Varieté-Tricks vorführen: das Aufsagen einer Zahl mit 600 Stellen oder das Merken von vier Kartenspielen gleichzeitig; aber auch Schachspieler, die Simultan-Turniere bestreiten, sind gute Beispiele für die erstaunlichen Kapazitäten, die unser Gedächtnis bei richtiger Übung aufweist.

Mut zum Querdenken

Wichtig ist beim Bilderdenken, daß Sie den Mut haben, sich in Ihrer Phantasie über die materiellen und rationalen Schranken unserer Alltagswelt zu erheben. Denken Sie anders, denken Sie kreuz und quer, denken Sie hoch und tief, denken Sie schräg! *In Ihrer Vorstellung ist alles erlaubt!*

Brainstorming: Spiel mit Möglichkeiten

Aus diesem Ansatz heraus ist auch das sogenannte Brainstorming entstanden. Hierzu erzählt man sich folgende Geschichte: Gegen Ende des zweiten Weltkriegs trieb ein Schiff mit 200 Mann Besatzung ohne Benzin steuerlos dahin, als der Kapitän eine Seemine meldete: „Sie treibt direkt auf uns zu – was sollen wir nur tun?" In dem folgenden Durcheinander rief ein Matrose: „Blast das Ding doch einfach weg!" – „Wegblasen ...", dachte der Kapitän und gestaltete in seiner Vorstellung bereits verschiedene Möglichkeiten aus. Wenig später wurde ein Beiboot mit einer improvisierten Blasvorrichtung zu Wasser gelassen, und es gelang den mutigen Männern tatsächlich, auf diese Art die Mine am Schiff vorbeizumanövrieren.

Die Erfahrung, daß in vielen Köpfen mehr Ideen entstehen können als in einem einzelnen, fand dann auch bald Einzug in die Management-Etagen. Wichtig bei der Methode des Brainstorming ist vor allem, daß man sich keinerlei gedankliche Schranken auferlegt: Alles ist erlaubt, alles ist möglich. Auch die kuriosesten Ideen werden erst einmal gesammelt, umgestaltet, miteinander in Beziehung gesetzt und dann zu phantasievollen Lösungsansätzen weiterentwickelt.

Denken ohne Grenzen

Wenn Sie sich nun einmal in einer Situation befinden, wo Sie auf Anhieb nicht weiterwissen, dann stellen Sie sich folgende Fragen:

Durch Fragen zur Lösung

- Was könnte passieren, wenn (ich) … ?
- Wie kann es weitergehen, nachdem ich … ?
- Welche Möglichkeiten habe ich?
- Wie viele Möglichkeiten gibt es überhaupt?
- Warum kann ich eigentlich nicht … ?
  (Oder kann ich es doch?)
- Was würde … an meiner Stelle tun?

Stellen Sie sich die verschiedenen Szenen in Ihrer Phantasie bildhaft vor, machen Sie richtige kleine Kinofilme daraus: bunt, handlungsreich, vielleicht kurios oder skurril, auf alle Fälle aber lebendig.

Gerade die letzte Fragestellung eröffnet oftmals die tollsten Perspektiven: Was würde beispiels-

Die Perspektive anderer Menschen einnehmen

weise Boris Becker in Ihrer Situation tun? Wie würde Claudia Schiffer reagieren oder Prinzessin Diana? Stellen Sie sich bildhaft andere Menschen in Ihrer Lage vor: Ihren Vater, Ihren Hausarzt, die Nachbarin, den Briefträger. Sammeln Sie die (hypothetischen) Reaktionen dieser Menschen, und werten Sie diese aus: Überprüfen Sie, ob das eine oder andere auch für Sie in Frage käme. Solche Gedankenspiele bringen oft die überraschendsten und effektivsten Ideen; und meistens sind Sie hinterher ein großes Stück weiter.

Das Ideentagebuch

Halten Sie solche Ideen und Geistesblitze in einem eigens dafür angelegten Tagebuch fest, und denken Sie sie von Zeit zu Zeit weiter. Geben Sie Ihren spontanen Impulsen Raum; widmen Sie ihnen Zeit und Interesse – malen Sie in Ihrer Phantasie Bilder daraus! Wenn Sie sich angewöhnen, auch tagsüber Ihre Eingebungen zu notieren und eine Zeitlang konsequent zu sammeln, werden Sie in kurzer Zeit über einen reichhaltigen Ideenpool verfügen. Auch wenn sich aus einer Idee erst nach einiger Zeit etwas konkret „Brauchbares" entwickelt und wenn Sie auch nur zehn Prozent Ihrer Ideen umsetzen, so können Sie damit doch einen erheblichen persönlichen Gewinn für sich verbuchen.

Ein Beispiel gefällig? Machen Sie jetzt gleich ganz spontan folgende Übung:

Notieren Sie 10 Ideen, wie Sie innerhalb der nächsten acht Tage 50 DM dazuverdienen können.

Beispiele:

- Sie verkaufen ein paar Bücher, die Sie seit zehn Jahren nicht mehr gelesen haben, an das Antiquariat.
- Sie plündern Ihren Garten und verkaufen die Blumen auf dem Wochenmarkt.
- Sie bieten den Nachbarn, die am Wochenende ausziehen wollen, an, für 50 DM die leere Wohnung zu putzen.
- Sie stricken für Ihre Tante den seit Monaten angefangenen Pullover zu Ende.

Und nun sind Sie an der Reihe:

1.

2.

3.

4.

5.

6.

7.

8.

9.

10.

Nun, sind Sie nicht erstaunt, wie schnell man mit ein bißchen Phantasie Geld verdienen kann? Wenn Sie sich erst einmal daran gewöhnt haben, ein wenig abseits der gewohnten Strukturen zu denken, ist es gar nicht so schwer – und macht sogar großen Spaß!

Achten Sie auf positive Impulse

Um das eigene Problemdenken mehr und mehr in Richtung Lösungs-Findungs-Denken zu lenken, ist es wichtig, sich vorwiegend positiven Impulsen auszusetzen: Achten Sie darauf, was Sie sich im Fernsehen anschauen, welche Bücher Sie lesen, mit welchen Menschen Sie sich umgeben. Sorgen Sie also für möglichst viel motivierenden „Input":

- Gute Filme und Bücher, z. B. Biografien von Menschen, die Großes erreicht haben, wie Goethe, Edison oder Napoleon.
- Anregende Gespräche mit Freunden und Gleichgesinnten; möglichst wenig Streit, denn das kostet Sie zuviel Energie.
- Gesunde Ernährung, z. B. Vollwertkost (und B-Vitamine für die Gehirnzellen!).
- Ausreichend Schlaf und Bewegung an der frischen Luft.
- Ein ausgewogenes Verhältnis von Anspannung (Beruf) und Entspannung (auch beim Sport).

Positives Denken ist die beste Motivation

Wenn Ihre grundsätzliche Lebenseinstellung positiv ist, sind Sie auch gut motiviert, Ihre Aufgaben zu erfüllen. So wird Ihnen ungleich mehr gelingen, als wenn Sie nur arbeiten, um Geld zu verdienen. Mit der richtigen Motivation werden Sie bald erkennen, daß Sie bei Ihrer Arbeit genauso wie im Privatleben von dem, was Sie tun, persönlich profitieren und sich dadurch weiterentwickeln können.

Haben Sie in Ihrem jetzigen Beruf Möglichkeiten zur Selbstentfaltung? Denken Sie einmal über diese Frage nach; überlegen Sie genau, was Sie in Ihren täglichen Abläufen in den letzten Monaten gelernt, verbessert oder gar eingeführt haben.

Selbstentfaltung im Beruf

Schreiben Sie 10 Punkte auf, in welcher Hinsicht Sie sich in Ihrer derzeitigen beruflichen Tätigkeit selbst verwirklichen können:

1.

2.

3.

4.

5.

6.

7.

8.

9.

10.

Sollten Ihnen hier keine 10 Punkte einfallen, dann überlegen Sie einmal, wie Sie Ihre Fähigkeiten gerne einsetzen und entfalten würden, wenn Sie die Gelegenheit dazu hätten:

Fähigkeiten entfalten

1.

2.

3.

4.

5.

6.

7.

8.

9.

10.

Schaffen Sie sich konkrete Ziele

Wenn nun die Diskrepanz zwischen diesen beiden Aufzählungen allzu groß ist, dann ist es wahrscheinlich ratsam, daß Sie sich bald nach einer neuen Stelle umsehen. Denn dann können Sie Ihre Fähigkeiten in Ihrer jetzigen Position nicht genügend einbringen und umsetzen; Sie haben nicht die nötige Motivation, um sichtbare Erfolge zu erlangen, und somit geht Ihnen wertvolle Energie verloren. Richten Sie Ihr Denken und Ihre Phantasie auf das, was Sie erreichen wollen und können. Das gilt natürlich auch, wenn Sie sich in Ihrem Beruf wohlfühlen: Mit den entsprechenden Bildern und Szenen von Ihren Zielvorstellungen werden Sie noch mehr erreichen, noch besser sein können:

- Visualisieren Sie Ihre Ziele, Wünsche und selbst gestellten Aufgaben als Vorstellungsbilder.
- Kombinieren Sie diese Bilder so, daß sie immer besser in Ihre Chancen und Möglichkeiten hineinpassen.
- Bringen Sie sehr viel positives Denken und Energie in dieses Wunschbild, und formen Sie es (immer wieder) zu einer idealen Szene um.

Wir möchten Ihnen noch eine weitere, einfache Möglichkeit vorstellen, wie Sie sich für Ihre Arbeit oder eine einzelne Tätigkeit sehr gut motivieren können:

Sich auf Vorteile konzentrieren

Sie stellen 10 Punkte zusammen, was an dieser speziellen Arbeit von Vorteil ist, und prägen sich diese Punkte mit den Zahlensymbolen ein. Wenn Sie dann bei der Verrichtung der Tätigkeit nicht so recht motiviert sind, rufen Sie sich diese Punkte ins Gedächtnis zurück: Die Arbeit wird Ihnen deutlich besser gelingen!

Auf ähnliche Weise können Sie auch Ihre allgemeine Stimmung ganz leicht anheben. Verankern Sie 10 positive Gedanken zur Selbstmotivation, zum Beispiel:

Selbstmotivation aus dem Gedächtnis

- Die 10 schönsten Ereignisse aus dem letzten Urlaub.
- Die 10 liebsten Menschen.
- Die 10 besten Restaurants, die Sie kennen.
- Die 10 interessantesten Bücher in Ihrem Bücherschrank.

Wenn Sie sich eine solche Kette in Bildern einprägen, sind Sie seelisch gut gerüstet für „schlechte Tage" oder kleine Stimmungstiefs. Machen Sie auch eine solch kleine Übung am Rande mit dem nötigen Ernst und mit Engagement.

Und denken Sie daran:

> Gedächtnistraining und Kreativitätstraining ordnen Ihre Denkbahnen und richten sie vernetzt auf Ziele aus.

Der persönliche Lebensplan

Gedächtnistraining für Ihr persönliches Wohl

Der Lebensplan ist eine sehr spezielle, sehr konkrete und individuelle Anwendung unseres Gedächtnistrainings. Wenn Sie Ihr Gedächtnis und Ihre Kreativität mit unseren Übungen trainieren und von Tag zu Tag weiterentwickeln, liegt es nahe, daß Sie die dabei erworbenen Fähigkeiten auch ganz gezielt für Ihr eigenes Wohl einsetzen.

Eine ausführliche Anleitung, wie Sie unter Zuhilfenahme Ihrer Phantasie einen persönlichen Lebensplan erstellen können, finden Sie in dem Buch von *Josef Kirschner* „So plant man sein Leben richtig", an dessen Vorschlägen wir uns im folgenden orientiert haben. Er legt großen Wert auf die Bedeutung von Phantasie:

„'Ach, du phantasierst ja' ist zu einer abwertenden Redensart geworden. Vernunft und Nüchternheit werden schon Kindern als vorbildliche Eigenschaften dargestellt.

Tatsächlich aber scheitern viele Menschen in ihrem Leben an der Unfähigkeit, sich über die sachliche Nüchternheit der Alltagsrealität zu erheben, in eine Wunderwelt der freien Gedankenassoziation." (Kirschner, 1987, S. 79)

Unter Einsatz Ihrer Phantasie können Sie wesentliche Aspekte für Ihre Lebensgestaltung erkennen und verwirklichen. Am Anfang eines Lebensplans steht die Bestandsaufnahme: *Wer und wie bin ich?* Und, genauso wichtig: *Wer und wie möchte ich gerne sein?*

Mit Phantasie wesentliche Aspekte erkennen

Denken Sie über diese Fragen in Ruhe nach. Am besten notieren Sie sich erst einmal alles, was Ihnen dazu einfällt. Lassen Sie sich die Fragen ein paar Tage lang durch den Kopf gehen, bevor Sie anfangen, Ihre gesammelten Antworten und Ideen zu diesem Thema zu sortieren.

Setzen Sie vor allem bei den Überlegungen zur zweiten Frage Ihre ganze Phantasie ein: Malen Sie sich aus, was Sie schon immer gerne tun wollten. Welche Jugendträume haben Sie im Laufe der Jahre vernachlässigt und vergessen, die Ihnen damals so wichtig waren? Welche Pläne und Berufswünsche hatten Sie als Kind? Und wie möchten Sie in fünf oder in zehn Jahren leben? Was wollen Sie bis dahin erreichen? Sammeln Sie, was immer Ihnen an Antworten einfällt, mögen sie Ihnen am Anfang noch so kurios oder abwegig erscheinen.

Wünsche, Träume, Pläne

Ordnen Sie Ihre Ideen

Wenn Sie nach einer oder zwei Wochen den Eindruck haben, daß Ihnen wirklich nichts Neues mehr dazu einfällt, können Sie die Punkte sortieren. Es gibt viele verschiedene Aspekte, nach denen Sie vorgehen können:

1. Sie ordnen Ihre Ideen nach der Realisierbarkeit und nach Ihren tatsächlichen momentanen Möglichkeiten.

2. Sie ordnen nach den verschiedenen Bereichen Ihres Lebens, zum Beispiel: Lebensglück, Beruf/Finanzen, Partnerschaft/Familie, Gesundheit, soziale Kontakte, Lebensstil etc. Finden Sie selbst die für Sie maßgeblichen Kategorien.

3. Sie finden in jeder Kategorie die wichtigsten fünf Ideen heraus.

4. Sie erstellen eine gemeinsame Rangliste aller wichtigsten Ideen.

So oder ähnlich kann Ihre Ordnungsarbeit aussehen. Vielleicht haben Sie selbst noch eine andere Idee, die Ihrem Charakter und Ihren Bedürfnissen näher kommt. Das Ziel ist hier nicht, daß Sie unbedingt unseren Vorschlägen folgen, sondern daß Sie Ihre Kreativität und Ihre Phantasie einsetzen, um Ihren Lebensweg klarer zu strukturieren. Dabei ist es sehr wichtig, daß Sie ausschließlich darüber reflektieren, was Sie selber denken, wollen, wünschen, und nicht darüber, was Ihr soziales Umfeld (Partner, Eltern, Kinder, Chef ...) von Ihnen erwartet.

Nur was Sie wollen, zählt

Im nächsten Schritt nehmen Sie sich Ihre Lebensbereiche einzeln vor. Untersuchen Sie jeweils die wichtigsten Ideen, die Ihnen dazu eingefallen sind, auf ihre Realisierbarkeit. Anschließend erstellen Sie einen Plan, wie Sie diese Ziele in kleinen, machbaren Schritten umsetzen können. Setzen Sie sich dafür feste Termine. Und dann fangen Sie einfach an, diese Schritte zu gehen.

In kleinen Schritten zum Ziel

Ein Beispiel: Sie haben unter der Rubrik *Gesundheit* die folgenden Wünsche und Ziele notiert:

- Ich will mindestens fünf Kilo abnehmen.
- Ich nasche ab sofort keine Süßigkeiten mehr.
- Ich will jeden Tag Sport treiben.
- Ich esse nur noch Vollwertkost.

Sie stellen sich in allen Einzelheiten vor, wie Sie diese Vorsätze in die Praxis umsetzen können. Am Ende sind Sie zu folgenden konkreten Schritten bereit: Sie werden innerhalb der nächsten sechs Monate fünf Kilo abnehmen. Damit Sie nicht auf halbem Weg aufgeben, machen Sie sich in Ihrer Phantasie ein „Traumbild" von Ihrem künftigen Aussehen, das Sie jeden Abend beim Einschlafen vor Ihrem inneren Auge „heraufbeschwören" und sich ausgiebig daran erfreuen. Den Süßigkeitenkonsum werden Sie schrittweise reduzieren, indem Sie sich jede Woche ein festgelegtes (im Laufe der Zeit kleiner werdendes) Kontingent zugestehen – und sich streng daran halten! Jeden Tag Sport zu treiben ist sicherlich eine Utopie, aber zwei- bis dreimal die Woche halten Sie für realistisch. Damit es Ihnen nicht so leicht fällt, sich davor zu drücken, verabreden Sie sich mit einem Bekannten regelmäßig zum Waldlauf.

Das Phantasiebild vom Ziel motiviert

Und was die Umstellung Ihrer Kochgewohnheiten angeht, so belegen Sie im nächsten Semester einen Vollwert-Kochkurs bei der Volkshochschule und haben sich bei einer Ernährungsberaterin angemeldet.

Phantasie und Kreativität lassen Träume wahr werden

So haben Sie mit Hilfe Ihrer Phantasie und Kreativität die ganzen Ideen und Träume zunächst einmal aufgespürt und anschließend mit Ihren Möglichkeiten in Einklang gebracht. Gleichzeitig haben Sie Mittel und Wege gefunden, Ihre Wünsche und Ziele in kleine, realisierbare Schritte aufzuteilen, deren Umsetzung Ihnen mit der entsprechenden Motivation garantiert gelingen wird!

Wichtigster Faktor bei dieser Art der Lebensplanung ist und bleibt die Phantasie. Das stellt auch *Josef Kirschner* klar hervor:

Unmögliches machbar machen

„Die Phantasie, vorausgesetzt, wir lassen ihr freien Lauf, macht es möglich, Unmögliches zum Machbaren werden zu lassen. Deshalb sollten wir genügend Zeit dafür verwenden, die bewußte Handhabung unserer Phantasie zu planen. (...) Um es anders auszudrücken: Ehe wir ein Problem in der Praxis bewältigen, sollten wir es mit unserer Phantasie bewältigen." (Kirschner, 1987, S. 76)

Er geht sogar noch einen Schritt weiter und fordert für den Umgang mit der eigenen Phantasie die größtmögliche innere Freiheit:

Alle Fesseln sprengen

„Wir sollten nicht zulassen, daß Vernunft oder Moral oder irgendeine andere manipulative Beschränkung unserer Phantasie Fesseln anlegt. Wenn wir schon nicht in der Realität des eingeengten Lebens hemmungslos sein können – in un-

serer Phantasie können wir es sein. Wenn Sie sich also mit diesem Lebensbereich beschäftigen, sollten Sie Ihre Phantasie dazu benützen, sich die Möglichkeiten eben dieser Ihrer Phantasie auszumalen." (ebenda, S. 76 f.)

Nehmen Sie dies als abschließende Übung einmal wortwörtlich:

Malen Sie sich mit der ganzen Phantasie und Kreativität, die Ihnen inzwischen zur Verfügung steht, und in den schönsten, farbigsten, lebendigsten Bildern aus, was Sie mit Ihrer Phantasie alles erreichen, gestalten, erfinden und erschaffen könnten.

6. Namen und Gesichter – Ihr Kapital im Alltag

„Nomen est Omen" – Tips für Vor- und Nachnamen

Napoleon hatte ein faszinierendes Gedächtnis. Er kannte die einzelnen Namen seiner Soldaten, und er wußte, wer in welcher Schlacht mitgekämpft hatte und ob er dabei verwundet worden war. Auch von *Seneca* wird erzählt, daß er 2000 Einwohner Roms mit Namen kannte.

Ein gutes Namensgedächtnis in allen Lebensbereichen

Ein gutes Namensgedächtnis ist in allen Bereichen des Lebens von unschätzbarem Vorteil. Doch sicherlich ist es Ihnen – privat oder beruflich – schon einmal passiert, daß Sie jemandem begegnet sind, an dessen Namen Sie sich trotz allergrößter Mühe nicht mehr erinnern konnten. Das kann je nach Situation unangenehm oder peinlich sein oder im Ernstfall sogar handfeste Nachteile mit sich bringen, wenn es sich beispielsweise um einen wichtigen Geschäftspartner Ihrer Firma handelt.

Und dabei läßt sich ein schlechtes Namensgedächtnis so einfach beheben: Mit ein paar ganz leichten Tricks und Anregungen brauchen Sie in Ihrem Gedächtnis nie wieder mühsam nach einem Namen zu suchen oder sich zu überlegen, wann und wo und unter welchen Umständen Sie die betreffende Person zum letzten Mal gesehen haben.

An ein Gesicht können Sie sich oftmals noch ganz gut erinnern, denn die meisten Menschen sind visuell orientiert. Der Name dagegen geht im Gedächtnis leichter verloren, häufig auch deshalb, weil er von Anfang an nicht richtig verstanden wurde. Deshalb gilt als erste Regel:

Gesichter prägen sich besser ein als Namen

> **Stellen Sie sicher, daß Sie den Namen richtig und vollständig verstanden haben!**

Wenn Sie den Namen Ihres Gesprächspartners auf Anhieb nicht richtig verstehen, ist es keine Schande, noch einmal höflich nachzufragen. Wiederholen Sie den Namen dann während des Gesprächs ab und zu, auch das hilft Ihnen, sich Namen und Gesicht einzuprägen.

Gehen Sie auf Nummer Sicher!

Wir wollen nun mit den konkreten Tips für die Nachnamen beginnen, denn im Alltag ist es wahrscheinlich häufiger, daß Sie sich einen neuen Nachnamen merken müssen (in Amerika dagegen werden Menschen einander meistens mit dem Vornamen vorgestellt).

Tips für Nachnamen

Bei den Nachnamen unterscheiden wir:

- Namen, die von vornherein eine bestimmte Bedeutung haben, weil sie bekannte Begriffe sind oder sich aus solchen zusammensetzen, zum Beispiel *Kleber, Jäger, Moosmann* und so weiter.

- Namen, die sich durch leichte Veränderung der Schreibweise zu einem bedeutungsvollen Begriff umgestalten lassen: *Kledt, Tanke, Wunderle* und ähnliche.

117

Eine Bedeutung „basteln"

- Namen, die auf Anhieb ohne jegliche Bedeutung sind. In solchen Fällen müssen wir unsere Phantasie einsetzen und eine Bedeutung „basteln". Das heißt, wie suchen uns für den Namen ein Ersatzwort, das annähernd gleich klingt. Durch unsere intensive Beschäftigung mit dem Namen beim Umformen und Abspeichern wird uns dieser später über das ähnlich klingende Ersatzwort genau in der richtigen Form wieder einfallen. Zum Beispiel könnten wir uns den Namen eines Herrn *Maletzki* merken, indem wir uns die Aufforderung *„Mal jetzt Ski!"* einprägen. Oder wir denken bei Frau *Kalmes* an einen Punker, der sich die Haare ganz *kahl* geschoren hat – mit einem *Messer!*

Der Name wird zum lebendigen Bild

Wahrscheinlich haben Sie bereits einen ersten Eindruck von der Vorgehensweise bekommen: Es geht auch hier wieder darum, den Namen mit einem lebendigen Bild zu verknüpfen und auf diese Art im Langzeitgedächtnis abzuspeichern. Am besten, Sie fangen gleich mit einer kleinen Übung an:

Wie würden Sie sich die folgenden Namen merken?

Frau Fischer
Herr Kühnle
Herr Moser
Herr Kocher
Frau Mehne
Frau Steinbrück
Herr Kreck
Herr Butterer
Frau Schnurre
Frau Hinder

Versuchen Sie, zu diesen Namen ähnlich klingende Ersatzwörter zu finden und diese dann jeweils in ein lebendiges, lustiges Bild zu kleiden. Sie können darüber hinaus auch ganz einfach selbst weiterüben, indem Sie ein Telefonbuch oder Adreßverzeichnis zur Hand nehmen und darin nachschlagen: Sie werden mehr als genügend Namen für Ihre Übungen finden!

Telefon- und Adreßbücher als Übungsmaterial

Welche Assoziationen haben Sie nun gefunden, um sich die Namen einzuprägen?

Frau Fischer:

Herr Kühnle:

Herr Moser:

Herr Kocher:

Frau Mehne:

Frau Steinbrück:

Herr Kreck:

Herr Butterer:

Frau Schnurre:

Frau Hinder:

Später werden wir Ihnen zeigen, wie Sie sich einen Namen und das zugehörige Gesicht zusammen merken können; denn meistens lernen wir jemanden neu kennen in einer Situation, wo wir ihm oder ihr gegenüberstehen. Zunächst aber arbeiten wir „ohne Gesicht" und speichern uns die Namen einzeln ab. Auch diese Situation kann Ihnen im Alltag begegnen, wenn Sie zum Beispiel mit jemandem telefonieren, den Sie noch nicht kennen. Betrachten Sie das Ganze als gute Vorübung und „Gymnastik" für Ihre grauen Zellen.

Und hier sind unsere Vorschläge für die oben genannten Namen:

Frau Fischer hat ein für eine Frau eher seltenes Hobby – raten Sie einmal! Herr Kühnle stellt sich allen Gefahren kühn und mutig, während Herr Moser an allem etwas auszusetzen (zu „mosern") hat. Herr Kocher verköstigt seine Familie am Wochenende, und Frau Mehne spielt mit ihren Kindern „Auszählen": „Ene mene muh und raus bist Du." Frau Steinbrück schleppt schwere Steine, um damit eine Brücke zu bauen. Herr Kreck macht einen sehr sportlichen Eindruck, er ist bestimmt ein Tennis-„Crack". Herr Butterer stampft in einem großen Faß die Milch zu Butter, und Frau Schnurre erinnert uns an eine Katze. Frau Hinder schließlich hat jede Menge Kinder um sich herum.

Die eigenen Ideen sind die besten Eselsbrücken

Selbstverständlich sind Ihre eigenen Ideen genauso akzeptabel; und was Ihnen selbst zu den einzelnen Namen eingefallen ist, ist für Sie sogar die bessere „Eselsbrücke". Spielen Sie mit den Bildern, und lassen Sie Ihrer Phantasie freien Lauf!

Vorschläge für Vornamen

Dasselbe gilt natürlich auch für den Umgang mit Vornamen: Phantasie ist angesagt, und je lustiger und lebendiger die Bilder sind, um so besser lassen sie sich einspeichern. Hier haben wir noch eine Reihe von Vorschlägen für Sie, wie Sie sich neue Vornamen dauerhaft einprägen können:

- Sie finden wieder ein ähnlich klingendes Ersatzwort, zum Beispiel *Kordel* für *Cordelia*, eine *Sabbernde Nina* für *Sabrina*, ein *Karren* rollt auf der *Linie* für *Caroline* und so weiter.

- Sie denken an eine Person gleichen Vornamens, die Sie schon länger kennen, und versuchen, Gemeinsamkeiten oder extreme Gegensätze zwischen diesen beiden festzustellen und in ein einprägsames Bild zu kleiden.

- Die Person gleichen Vornamens nimmt die „neue" Person in Ihrer Phantasie auf die Schulter oder in den Arm, und Sie malen sich dazu eine lustige Szene aus, zum Beispiel, wie die beiden so miteinander auf einen Turm klettern.

- Sie bilden auf den neuen Namen einen lustigen Reim, zum Beispiel: *Inge - trägt viele schöne Ringe, Anton – wohnt in einem Schweizer Kanton* und so weiter.

- Nicht zuletzt können Sie natürlich auch den Vornamen mit dem Ihnen bereits geläufigen Nachnamen verbinden: Frau *Becker* heißt mit Vornamen *Heidi: Sie läuft hungrig in der Heide herum und sucht nach einem Bäcker ...*

Möchten Sie gleich Ihre eigene Phantasie erproben? Bitte schön, hier sind Ihre Beispiele:

Achim	Denise
Bernhard	Larissa
Gerold	Nicola
Manfred	Patricia
Sebastian	Tamara
Timo	Veronika
Ulrich	Karl Bauke
Winfried	Melissa Korte
Adelheid	Mareike Blümel
Barbara	Heinrich Hertz

Diesmal geben wir Ihnen keine Anregungen mehr; Sie sind inzwischen geübt genug, um mit solch einfachen Aufgaben alleine klarzukommen. Versuchen Sie zur Abwechslung auch noch einmal, diese Namensliste mit unseren Zahlensymbolen zu verbinden. Können Sie später alle Namen in der richtigen Reihenfolge wiedergeben?

Im folgenden Teil erhalten Sie nun auch die optische Unterstützung: Wir werden Ihnen zeigen, wie Sie sich in Zukunft neue Namen und die zugehörigen Gesichter dauerhaft und zuverlässig merken können.

Das persönliche Gesicht

Wie viele Gesichter begegnen Ihnen im Laufe eines Tages? Gehen Sie einmal zum Spaß durch die Stadt und betrachten Sie die verschiedenen Gesichter: Jedes hat seine eigenen typischen Merkmale. Anhand ebendieser Merkmale können Sie sich ganz einfach auch die jeweils zugehörigen Namen merken, wenn Sie in Zukunft darauf achten, ob ein bestimmtes Gesicht zum Beispiel engstehende Augen, einen spitzen Bart, schmale Lippen, eine hohe Stirn oder viele kleine Lachfältchen hat.

Auf den folgenden beiden Seiten finden Sie eine Übersichtstafel mit den verschiedensten Charakteristika, auf die man bei einem Gesicht achten kann. Natürlich sollen Sie diese Tafel nun nicht auswendig lernen, aber sehen Sie sich die Kategorien einmal in Ruhe an.

Jedes Gesicht hat typische Merkmale

Nase — Augenbrauen

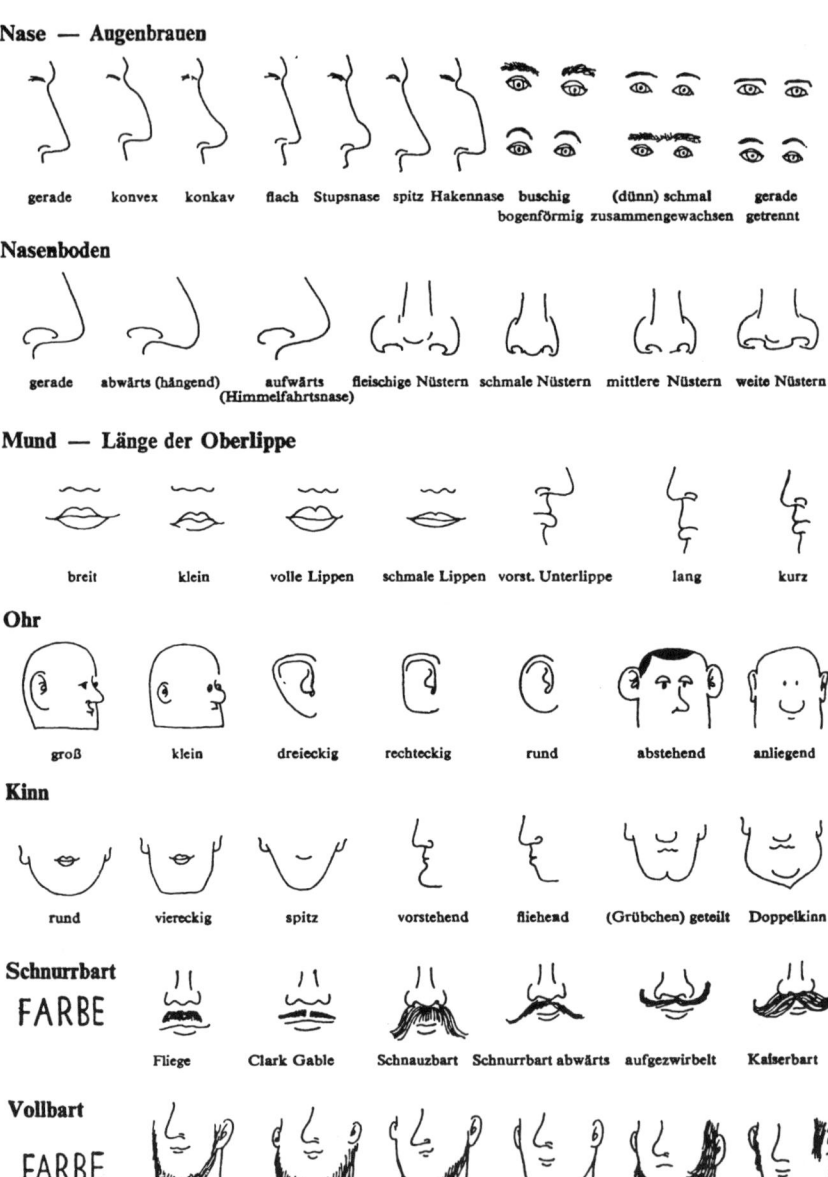

gerade konvex konkav flach Stupsnase spitz Hakennase buschig (dünn) schmal gerade
bogenförmig zusammengewachsen getrennt

Nasenboden

gerade abwärts (hängend) aufwärts fleischige Nüstern schmale Nüstern mittlere Nüstern weite Nüstern
(Himmelfahrtsnase)

Mund — Länge der Oberlippe

breit klein volle Lippen schmale Lippen vorst. Unterlippe lang kurz

Ohr

groß klein dreieckig rechteckig rund abstehend anliegend

Kinn

rund viereckig spitz vorstehend fliehend (Grübchen) geteilt Doppelkinn

Schnurrbart

FARBE

Fliege Clark Gable Schnauzbart Schnurrbart abwärts aufgezwirbelt Kaiserbart

Vollbart

FARBE

geteilt voll spitz Kinnbart (Ziegenb.) Backenbart Koteletten

124

Kopfformen

Quadrat   Rechteck   rund   gewölbter Hinterkopf   Ei   oben flach   flacher Hinterkopf

Gesichtsformen

quadratisch   rechteckig   voll   rund   Dreieck n. oben   Dreieck n. unten   schmal

Frisur (männlich)

glatt   wellig   gescheitelt   (auffallend) kurz   (sehr) lang   Geheimratsecken   (Kahlkopf)Glatze

Frisur (weiblich)

Rolle   aufwärtsfrisiert   hochfrisiert   Bubikopf   Ponyfranse   kurzer Haarschnitt   Mittelscheitel

Augen

groß   klein   vorquellend   tiefliegend   mandelförmig   schrägliegend   schielend

Stirn

niedrig   hoch   breit   schmal   fliehend   gewölbt   Falten längs od. quer

125

Als erste Übung in diesem Zusammenhang denken Sie spontan an zehn Personen, die Sie gut kennen, und notieren deren Namen. Dann schreiben Sie daneben, welche typischen Merkmale Ihnen auf Anhieb zu den Gesichtern dieser Personen einfallen:

1. Person:

   Merkmal:

2. Person:

   Merkmal:

3. Person:

   Merkmal:

4. Person:

   Merkmal:

5. Person:

   Merkmal:

6. Person:

   Merkmal:

7. Person:

   Merkmal:

8. Person:

Merkmal:

9. Person:

Merkmal:

10. Person:

Merkmal:

Es kommt nicht darauf an, so viele Merkmale wie möglich aufzulisten, sondern es ist effektiver, wenn Sie ein einzelnes, auffallendes Charakteristikum feststellen. Dieses wird dann entsprechend absurd und möglichst einprägsam mit dem Namen der Person verbunden.

Ein prägnantes Merkmal reicht

Um das an einigen Beispielen zu üben, sehen Sie sich die folgenden (vereinfachten) Gesichter genau an. Definieren Sie jeweils ein hervorstechendes Merkmal, und verbinden Sie dieses mit dem Namen der Person oder einem entsprechenden Ersatzwort, wie wir es oben geübt haben. Kreieren Sie dazu in Ihrer Phantasie eine kleine Geschichte oder lustige Assoziation:

Herr
Neuenschwander

Herr
Schreiner

Herr
Berger

Herr
Hollberger

Herr
Gottmann

Herr
Kempfer

Herr
Trüssel

Herr
Thürig

Herr
Steffen

Herr
Theiler

Für den Anfang geben wir wieder ein paar Beispiele aus dem unerschöpflichen Vorrat unserer
Verknüpfungsideen:

Herr Neuenschwander hatte sich einen neuen
Schwan gekauft, der ihm aber bereits entflogen
ist. Deshalb schaut er so grimmig, fletscht die
Zähne und macht sich mit geblähten Nasenflügeln
und gespitzten (Segel-)Ohren an die Verfolgung,
um ihn wieder einzufangen.

Auch Herr Berger runzelt die Stirn, doch seine
Mundwinkel zeigen nach oben: Unternehmungslu-
stig schickt er sich an, einen steilen Berg (steiler
Nasenrücken!) zu besteigen.

Herr Gottmann macht einen ziemlich betrübten
Eindruck; die Mundwinkel zeigen nach unten, als
wollte er sagen: „Oh Gott! Mann, geht's mir wieder schlecht ..."

So weit einmal. Den Rest möchten wir Ihrer Phantasie überlassen. Sie wissen nun, wie es geht, und
es wird Ihnen viel Spaß machen, die übrigen Verknüpfungen selber zu finden.

Um sich ein Gesicht und den dazugehörigen Namen dauerhaft einzuprägen, sind insgesamt vier
Schritte notwendig:

4 wichtige Schritte

1. Sie kennen den Namen der betreffenden Person ganz genau. Sollte das nicht der Fall sen, fragen Sie noch einmal nach.

2. Sie sehen sich das Gesicht dieser Person genau an.

3. Sie suchen sich ein auffallendes Merkmal aus, mit dem Sie Ihre Verknüpfung herstellen wollen.

4. Sie bilden die Verbindung zwischen Namen und Gesicht und prägen sich dieses phantasievolle Bild genau ein.

Wenn Sie diese vier Schritte bei der obigen Übung genau nachvollzogen haben, müßten Sie jetzt in der Lage sein, den meisten der folgenden Gesichter den richtigen Namen zuzuordnen:

Nun, hat es geklappt? Wir gratulieren! Sie sehen, so schwer ist es gar nicht, das meiste ist wirklich eine Sache der bewußten, konsequenten Übung und der genauen Beobachtung. Je mehr Sie sich also mit dem Studium von Gesichtern befassen, um so schneller wird es Ihnen in Zukunft gelingen, auf Anhieb ein hervorstechendes Merkmal zu beobachten und dieses blitzschnell und phantasievoll mit dem Namen zu verbinden.

Übung und genaues Beobachten

Hier noch ein paar Tips, die Ihnen das Beobachten von Gesichtern erleichtern können:

Tips für das Beobachten von Gesichtern

- Bei fast jedem Menschen sind die linke und die rechte Gesichtshälfte verschieden.

- In jedem Gesicht ist entweder die obere oder die mittlere oder die untere Partie am stärksten betont.

- Jedes Gesicht hat ein besonderes Merkmal, auch wenn es Ihnen auf den ersten Blick nicht auffällt - riskieren Sie dann eben einen zweiten Blick!

- Sollten Sie einmal wider Erwarten kein auffallendes Merkmal im Gesicht eines Menschen entdecken, so dürfen Sie sich auch auf andere Charakteristika stützen: Vielleicht hat er eine auffallende Art zu gehen oder einen besonderen Dialekt? Eine bestimmte Körperhaltung, eigenartige Gebärden? Finden Sie ein Ersatzmerkmal, das Sie in Ihrer Erinnerung abspeichern können.

Zahlreiche Übungsmöglichkeiten im Alltag

Und nutzen Sie jede Gelegenheit zum Üben: Auf Ihrem Spaziergang durch die Stadt, beim Besuch im Restaurant oder an der Kasse im Supermarkt – es gibt täglich Gelegenheiten, bei denen Sie die Gesichter Ihrer Mitmenschen betrachten können. Solche kleinen Übungen buchstäblich „im Vorbeigehen" schärfen Ihre Aufmerksamkeit für Gesichtszüge und Ihr Bewußtsein für die Charakteristika Ihrer Mitmenschen. Sogenannte „Dutzendgesichter" wird es für Sie nicht mehr geben; und wenn Sie dann noch die jeweils treffende Verknüpfung mit dem richtigen Namen finden, werden Sie Ihren Gesprächspartner, auch wenn Sie ihn erst nach Monaten wiedersehen, mit Sicherheit richtig begrüßen.

Wie merke ich mir wichtige Daten?

In der Praxis kann es sich als sehr nützlich erweisen, wenn Sie sich zusätzlich zu einem Namen jeweils noch ein paar Fakten merken können. So verbinden Sie bei einem Anruf zum Beispiel den Namen des Gesprächspartners mit seiner Firma und dem Grund seines Anrufs:

Praxisrelevant: Fakten merken

Herr Schneider von der Firma Akkumulatoren GmbH ruft an, um Kupferdraht zu bestellen, und schon sehen Sie vor Ihrem inneren Auge einen Schneider, der Akkumulatoren „einkleidet" und sie mit Kupferdraht verschnürt.

Wenn nach einiger Zeit dieser Herr Schneider wieder bei Ihnen anruft, taucht in Ihrem Gedächtnis blitzschnell dieses Bild auf, und Sie können den Anrufer sachbezogen begrüßen: „Guten Tag, Herr Schneider. Waren Sie mit unserem Kupferdraht zufrieden?" Auf diese Art sind Sie Ihren Kollegen um Nasenlängen voraus, was Information und Schlagfertigkeit betrifft. – Alles eine Sache des konsequenten Trainings!

Informationsvorsprung und Schlagfertigkeit

Und damit Sie diese Art von Verknüpfungen gleich selbst üben können, haben wir hier ein paar Beispiele für Sie:

Herr Hüpfer – Fa. Zeppelinbau – Gasflaschen
Herr Reisser – Fa. Tonstudio – Endlos-Cassetten
Herr Wurster – Fa. Turbinenbau – Schmieröl
Frau Singer – Fa. Moosmann – Papierservietten
Herr Maier – Fa. Heizlüfter – Gummidichtungen
Herr Schienle – KFZ-Werkstatt – Fahrtenbuch

Frau Wacker – Reisebüro Tanner – Stornierung
Herr Backes – Fa. Schwarz – Faxgerät

Zeitliche Reihenfolge mit Zahlensymbolen abspeichern

Wenn Sie sich diese Kombinationen dauerhaft eingeprägt haben, versuchen Sie einmal, noch einen Schritt weiter zu gehen und die Anrufe in zeitlicher Reihenfolge mit den Zahlensymbolen zu verknüpfen. So können Sie Ihrem Chef alle Gespräche des Vormittags lückenlos aufzählen und sicher sein, daß Sie nichts Wichtiges vergessen haben.

Einsatz entsprechend den eigenen Bedürfnissen

Ob Sie diese oder ähnliche Gedächtnis-Akrobatik im Büroalltag wirklich brauchen, überlassen wir Ihrer Entscheidung! Auf jeden Fall haben Sie mit einem trainierten Gedächtnis ein wichtiges Instrument an der Hand (bzw. „im Kopf"!), mit dem Sie Ihre Effektivität entsprechend Ihren eigenen Bedürfnissen steigern können. Entscheiden Sie selbst, welche Bedingungen an Ihrem Arbeitsplatz nach welchen Lösungen verlangen.

Dazu: den Wohnort merken

Zur weiteren Übung kommt jetzt als vierte Kategorie der Wohnort des Anrufers dazu:

Herr Lauser von der Firma Potzblitz aus Engen ruft an wegen Heizöl. Was fällt Ihnen dazu ein?

Nun, der „*Lauser*" hat nicht aufgepaßt, die Mutter ruft ihm nach: „*Potzblitz* bist Du schon wieder im *engen* Keller an den Hahn vom *Heizöl*faß gestoßen! Jetzt ist alles ausgelaufen!"

So oder ähnlich könnte Ihre kleine Bildergeschichte aussehen. Und was machen Sie aus den folgenden Angaben?

- Herr Rieker – Fa. Forst – Neuenstadt – Rasenmäher
- Frau Stotz – Fa. Kaltbecker – Essen – Buffet
- Herr Metzger – Fa. Classika – Trier – Lexika
- Herr Bergler – Reinigung – Martinsberg – Bettfedern
- Frau Zopfe – Fa. Schwalbe – Homberg – Hubschrauber
- Herr Kronach – Fa. Flexus – Köln – Klavier
- Herr Schlotterbeck – Fa. Juppe – Krumbach – Trachten
- Frau Käfer – Fa. Sonntag – Lindau – Wein
- Herr Ay – Fa. Hochtief – Hamburg – Baukran
- Herr Busser – Fa. Kolbe – Ulm – Sekt

Genauso, wie Sie jetzt diese Informationen miteinander verknüpft haben, können Sie das bisher Gelernte und Geübte auch dazu benutzen, um sich wichtige Namen und die dazugehörigen Telefonnummern zuverlässig einzuprägen: Sie erfinden ein Bild aus dem Namen und schließen dann einfach eine kleine Geschichte mit den Symbolen für die Telefonziffern an.

Namen und Telefonnummern verknüpfen

So wird aus *Herrn Becker* mit der Telefonnummer *5 48 29* ein *Bäcker* (klingt fast gleich), der mit seiner *Hand (5)* eine Portion *Klee (4)* ergreift, diesen in die *Eier*uhr *(8)* hineinpreßt, das Ganze dem *Schwan (2)* zum Fressen hinstellt und sich dann wundert, daß sich der Schwan vor lauter Bauchschmerzen auf dem Boden krümmt wie eine *Schlange (9)* ...

Üben Sie selbst, und erfinden Sie lustige und bewegte kleine Geschichten:

Frau Wehmüller	–	6 68 42
Herr Künzler	–	2 35 81
Herr Winkel	–	5 40 92
Herr Martins	–	1 35 27
Frau Suppiger	–	7 90 38
Herr Affenhaus	–	6 70 41
Herr Fente	–	9 65 34
Frau Schlichte	–	7 81 90

Sie sehen, Ihrer Phantasie und Ihren Kombinationswünschen sind keine Grenzen gesetzt! (Außerdem werden Sie innerhalb kurzer Zeit kein Telefonbuch mehr benötigen!) Merken Sie sich, was Sie wollen – und all das dauerhaft und spielerisch.

Haben Sie sich eigentlich die Gesprächspartner von Seite 135 gut eingeprägt? Wir geben Ihnen nämlich jetzt die Städte vor – und Sie ergänzen bitte Name, Firma und Grund des Anrufs:

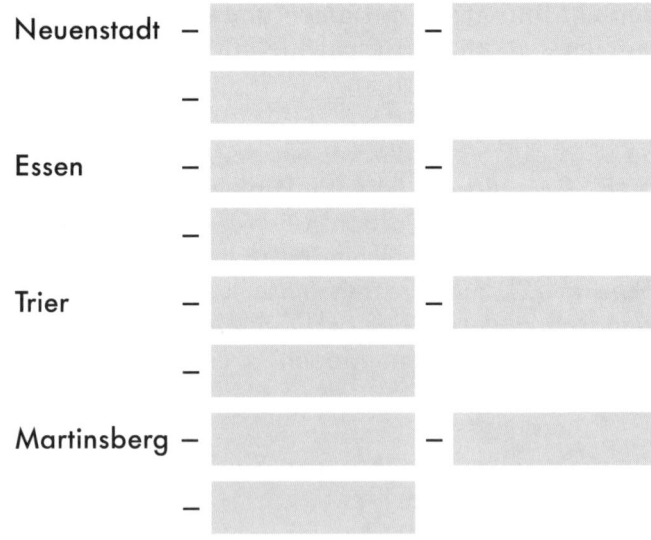

Neuenstadt –

Essen –

Trier –

Martinsberg –

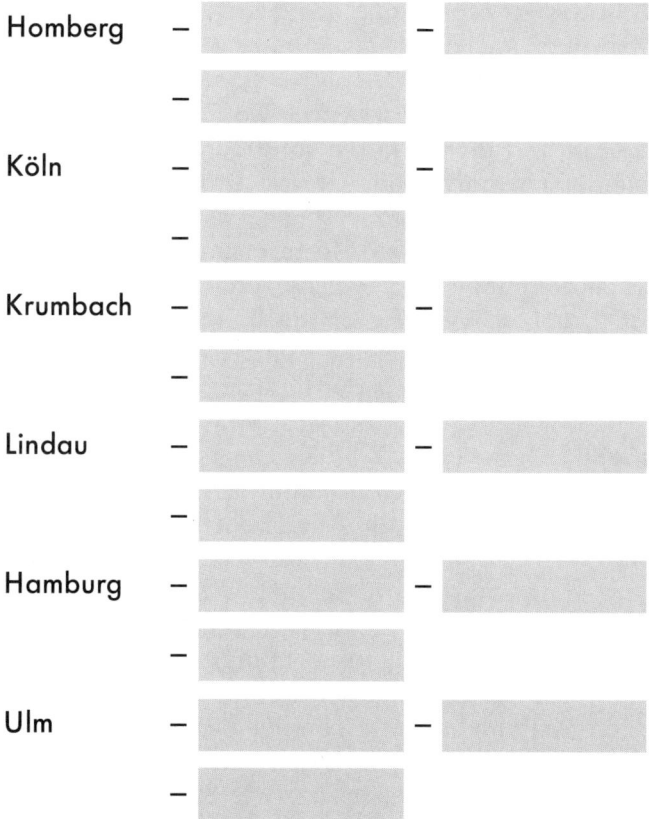

Homberg

Köln

Krumbach

Lindau

Hamburg

Ulm

Nun, waren Sie erfolgreich? Dann seien Sie ruhig auch stolz auf sich; das ist schon ein Stück „Gedächtnis-Oberstufe", was Sie hier betreiben. Und das Gute daran ist, daß sich diese Übungen auf die verschiedensten Situationen und Bedürfnisse zuschneiden lassen. Sie können sich in Ihrem Alltag die zu merkenden Daten und Fakten jederzeit selbst aussuchen und Ihre eigenen Verknüpfungsketten aufstellen.

Sie haben die „Gedächtnis-Oberstufe" erreicht

Immer wiederkehrende Daten systematisieren

Und das ist schon eine der letzten Aufgaben, die wir Ihnen stellen:

Überlegen Sie einmal genau, wo Sie an Ihrem Arbeitsplatz (oder in Ihrem sonstigen Alltag) immer wieder mit derselben Art von Daten oder Informationen zu tun haben. Erstellen Sie eine kleine Übersicht, und halten Sie fest, um welche Daten es sich handelt und welche Reihenfolge sinnvoll ist. Dann notieren Sie einige Beispiele, die Ihnen spontan dazu einfallen – und schließlich erproben Sie diese Ideen in der täglichen Praxis.

Zahlreiche Variationsmöglichkeiten, hohe Praxisnähe

Vielleicht werden Sie an Ihren ersten Entwürfen noch ab und zu etwas ändern, bis Sie wirklich damit zufrieden sind. Aber bedenken Sie dabei immer: Nichts ist so gut, daß es sich nicht noch ein wenig verbessern ließe. Die Hauptsache ist, daß Sie mit den Anleitungen, die Sie in diesem Buch bekommen, in Ihren alltäglichen Lebenssituationen etwas anfangen können. Der Wert unserer Methode mißt sich an der *Realisierbarkeit in der Praxis*. Durch die vielen Variationsmöglichkeiten ist der Praxiseinsatz, wie Sie gesehen haben, sehr vielseitig und immer wieder aufs neue frei gestaltbar.

Zum guten Schluß

Für jeden einzelnen von Ihnen wird es vor allem darauf ankommen, die neu erworbenen Gedächtnisfähigkeiten so effektiv wie möglich zum eigenen Nutzen einzusetzen. Wer seine Fähigkeiten weiterentwickeln will, muß sich zunächst einmal selbst finden. Werden Sie aufmerksam, und achten Sie einmal darauf, durch wie viele äußere Faktoren Sie im Laufe eines Tages beeinflußt werden: Presse, Funk und Fernsehen, Familie, Kollegen und Freunde, die soziale Umgebung und vieles mehr.

Die äußeren Einflüsse

Das Gehirn ist ständig gefordert, um diese Informationsmengen aufzunehmen und zu selektieren. Den Weg zu innerer Einsicht und Klarheit erreichen wir aber nur, wenn wir uns darauf besinnen, was wirklich wesentlich ist in unserem Leben. Wir müssen also lernen, Wesentliches vom Unwesentlichen zu unterscheiden. Wer kein Ziel, keine Anhaltspunkte oder Pläne hat, dem fehlt die Orientierung in seinem Leben. Nur mit einem Ziel, einer bildhaften Vorstellung vor Augen, gelingt der große Schritt von der Theorie zur Praxis, von der Idee zur Umsetzung.

Was ist wesentlich?

Nehmen Sie sich ein Blatt Papier oder nutzen Sie die unten abgebildete Tabelle und notieren Sie auf der einen Seite „ich will ...", auf der anderen Seite „ich will nicht ...":

ich will ...	ich will nicht ...

Und nun schreiben Sie in den nächsten fünfzehn Minuten alles auf, was Ihnen dazu einfällt. Sehen Sie dabei bitte auf die Uhr, und nehmen Sie sich die ganze Zeit, die Sie brauchen; Sie werden selbst staunen, was Ihnen für Ideen kommen.

Nach Prioritäten ordnen

Anschließend ordnen Sie die Gedanken, die Sie aufgeschrieben haben, und machen aus der Liste eine sogenannte Prioritätenliste: Sie erstellen eine Reihenfolge der Punkte, die Ihnen am wichtigsten erscheinen und vor allem auch kurzfristig umsetzbar sind. Damit haben Sie sich einen wichtigen Überblick geschaffen und deutlich an Durchblick gewonnen.

Anwendung und Motivation

Die nächste Aufgabe besteht darin, sich die einzelnen Punkte bewußtzumachen und bildhaft vorzustellen. Handelt es sich dabei jeweils um eine „Anwendung" oder um eine „Motivation"? Anwendungen sind nach außen gerichtet, zum

Beispiel „Ich will ab sofort pünktlich Feierabend machen.", während Motivationen sich auf das Innenleben beziehen, zum Beispiel *„Ich will negative Erlebnisse durch positive ausgleichen."* Wenn Sie nun durch einen solchen Bewußtwerdungsprozeß Ihre Ziele klarer und greifbarer werden lassen, werden Sie mit der Zeit die Erfahrung machen, daß Sie bei einem Vorhaben ganz deutlich ein gutes oder schlechtes Gefühl haben. Damit sind Sie bei einem sehr wichtigen Faktor in Ihrem Leben angelangt: Bei Ihrer *Intuition.*

Das kostbarste Wissen, das wir haben, sind unsere Erfahrungen, und unser Unterbewußtsein arbeitet mit den Gefühlen dieser Erfahrungen – das ist die Intuition.

Durch Phantasie zur Intuition

Wenn wir den Verstand und das rationale Denken ausschalten und die Ideen in lebendigen Bildern über den gewohnten Horizont hinauswachsen lassen, dann hat Intuition eine Chance. Je öfter wir dies in meditativer Ruhe zulassen und fördern, um so eher werden wir unbewußt das Richtige tun, weil wir den Gefühlen und Bildern folgen können und lernen, unserer Intuition zu vertrauen. Wir entfernen uns dann vom linearen Denken in Ursache-Wirkung-Strukturen und gelangen hin zum vernetzten Denken auf verschiedenen Ebenen.

Kreatives Handeln

Wenn wir dieses vernetzte Denken dann auch noch in praktisches Handeln umsetzen, entsteht daraus kreatives Tun. Mit dieser Kreativität schließlich lassen sich die Ziele, die wir uns gesteckt haben, klar und einfach realisieren. Hier sind wir keinen äußeren Vorbildern gefolgt, sondern den Bildern in uns selbst, die wir aus eigener Kraft geschaffen und geformt haben. In dem Moment, wo wir den „Problemen" des Alltags, die uns ständig umgeben, einen Namen und eine Reihenfolge geben, lassen sie sich bildhaft vorstellen, in der Vorstellung umgestalten und letztendlich auch in Angriff nehmen.

Ein Gefühl für kreative Lösungen entwickeln

Solange ein Problem abstrakt in Ihrem Kopf herumschwirrt, ist es nicht greifbar. Deshalb machen Sie sich ein Bild davon; versuchen Sie, Ihr Problem in meditativer Ruhe vor Ihrem geistigen Auge zu sehen. Lassen Sie Denken und Verstand etwas beiseite, und entwickeln Sie ein Gefühl für kreative Lösungsansätze. Nehmen Sie sich die Zeit für diese Bewußtmachung, schlafen Sie mit den bildhaften Vorstellungen Ihrer Lösungsansätze ein – und es werden weitere Lösungen wachsen. Üben Sie dieses Vorgehen zunächst mit kleineren Aufgaben, und setzen Sie sich niemals Grenzen in Ihrer Vorstellungskraft, denn:

> **Für Ihre Phantasie gibt es keine Grenzen!**

Auf Ihrem Weg zu mehr Durchblick, Weisheit und Intelligenz brauchen Sie nicht mehr Wissen; die reine Ansammlung von Daten und Fakten führt lediglich auf einen „Datenfriedhof", wie es *Frederic Vester* so treffend beschreibt:

„Immer mehr lernen, ohne zu verstehen. Immer mehr Wissen, aber keine Weisheit. Immer mehr Forschung, die das Wissen vermehrt, den Lernstoff vergrößert und doch nicht weiß, wohin sie führt. Eine Explosion von Daten und Wörtern, brauchbar für Details, doch wenig für Zusammenhänge. So

nützlich und lebenserhaltend die bisherige Art des Wissens in der Vergangenheit gewesen sein mag, die Erfahrung zeigt, daß sie nicht dazu taugt, uns aus den Problemen der heutigen Situation herauszuführen.“ (Vester, 1984, S. 479)

Das bedeutet für uns und unseren Alltag, daß wir das Wissen, das wir bereits besitzen, neu strukturieren und für unsere persönlichen Bedürfnisse auswerten müssen. Und dies wird uns um so besser gelingen, je mehr wir unser bildhaftes Vorstellungsvermögen trainieren, unsere Phantasie einsetzen und so mit unserer Intuition und Kreativität zu den bestmöglichen Lösungen gelangen:

Wissen besser auswerten und kreativ umsetzen

„Längst haben Untersuchungen gezeigt, wie bedeutend (...) ein bildhaftes Denken ist. Da Bilder gewissermaßen 'offene Systeme' sind, die fast automatisch Vergleiche, Gegenbilder und Analogien verlangen (...), bietet ein bildhaftes Denken weit mehr Ansatzpunkte als ein verbales oder mathematisches, um (...) im Grunde jede Arbeit so zu entwickeln, daß sie mit dem Rest der Welt in Einklang steht.“ (ebenda S. 478)

Zum Schluß möchten wir Ihnen noch von einem genialen Künstler erzählen, der ebendieses bildhafte Denken und die phantasievolle Vorstellungskraft bis zur Perfektion beherrschte: Er war Maler und hatte vom Abt eines Klosters einen großen Auftrag erhalten. Als er nach einer Woche noch immer vor der leeren Wand saß und noch nicht einen Pinselstrich getan hatte, wollte ihm der bestürzte Abt den Auftrag wieder entziehen. Da malte der Künstler innerhalb weniger Stunden das Bild fertig, das in seiner Vorstellungswelt schon längst klar und deutlich vor seinem inneren Auge gestanden hatte.

Der Maler war *Leonardo da Vinci,* und bei dem Bild handelt es sich um eines der berühmtesten Gemälde der Welt: das „Abendmahl".

Nachwort

Liebe Leserinnen und Leser,

Sie sind am Ende dieses Buches angelangt – und stehen am Anfang Ihrer Geistesschulung: Die hier geförderten Eigenschaften wie *Vorstellungskraft* und *Intuition, Konzentration, Kreativität* und *Phantasie* lassen sich in Beruf und Privatleben tagtäglich einsetzen, trainieren und vervollkommnen; und je mehr Sie auf diese Fähigkeiten zurückgreifen, um so öfter werden Sie zu Lösungen gelangen, die Ihr Leben und Ihren Erfahrungsschatz bereichern.

Wir sind gerne bereit, Ihnen aus dem reichen Schatz unserer Erfahrungen aus über zehn Jahren Seminararbeit weitere Hinweise und Anregungen für die Praxis zu geben; auch schicken wir kostenlos und unverbindlich unsere Seminarmappe mit Informationen und Terminen an interessierte Firmen, Banken, Verbände, Seminarveranstalter oder Einzelpersonen. Schreiben Sie uns, wenn Sie Fragen, Wünsche oder Anregungen haben:

Roland Geisselhart Team
Leserdienst
Postfach 2904
D-88023 Friedrichshafen

Wir wünschen Ihnen viel Freude und Erfolg bei der praktischen Umsetzung Ihrer Phantasien, einem überdurchschnittlichen Gedächtnis, bewußter Konzentration und bester Kreativität!

Abbildungsnachweise

Seite 43   Aus: Ausstellungskatalog der Chagall-
Ausstellung in der Stadthalle Böblin-
gen, Sommer 1996

Seiten 50,   Aus: Das perfekte Gedächtnis/Roland
61, 62   R. Geisselhart. ©1989 Copyright by
Orell Füssli Verlag, Zürich

Seiten   Aus: Lotte Furst/Dr. Bruno Furst: Der
124, 125   Weg zum guten Gedächtnis. Hannover: Forum Verlag, 1939

Literaturverzeichnis

Die Anfänge der abendländischen Philosophie.
Zürich & München: Artemis Verlag, 1991

Drucker, Peter: Neue Realitäten. Wertewandel in
Politik, Wirtschaft und Gesellschaft. Düsseldorf: Econ, 1989

Furst, Lotte/Dr. Furst, Bruno: Der Weg zum guten
Gedächtnis. Hannover: Forum Verlag, 1939

Geisselhart, Roland R.: Vokabeln lernen wie im
Schlaf. München: Delphin Verlag, 1989 (ver-
griffen)

Geisselhart, Roland R./Burkart, Christiane: Werden Sie ein Genie. Zürich: Orell Füssli Verlag,
1995

Geisselhart, Roland R./Haußmann, Bernd:
Mega Memo. Think - Mit Gedanken spielen.
Ravensburg: Ravensburger Buchverlag, 1977

Geisselhart, Roland R./Haußmann, Bernd:
Namen und Gesichter. Think - Mit Gedanken
spielen. Ravensburg: Ravensburger Buchverlag, 1998

Geisselhart, Roland R./Zerbst, Marion: Das perfekte Gedächtnis. Zürich: Orell Füssli Verlag,
1989

Kirschner, Josef: So plant man sein Leben richtig.
München: Knaur TB, 1987

Manager Magazin, 10/1996, Hamburg

Markham, Ursula: Visualisieren. Braunschweig:
Aurum Verlag, 1992

Meister Vitale, Barbara: Lernen kann phantastisch
sein. Offenbach: GABAL, 1996

Psychologie Heute, 10/1983, Weinheim

Stuttgarter Zeitung vom 18.9.96

Vester, Frederic: Neuland des Denkens. München:
dtv, 1984

 **Business-Bücher für Erfolg und Karriere**

Arbeitstechniken	Management

Lothar J. Seiwert
Das neue 1 x 1 des Zeitmanagement
Zeit im Griff, Ziele in Balance, Erfolg mit Methode
128 Seiten, A5, Hardcover, 4-farbig, mit Zeichnungen und Fotos
DM 29,80/öS 218/sFR 29,80
ISBN 3-923984-89-8

Mogens Kirckhoff
Mind Mapping
Einführung in eine kreative Arbeitsmethode
120 Seiten, 265 x 200 mm
4-farbig, Hardcover
DM 36,00/öS 263/sFR 35,00
ISBN 3-923984-91-X

Jacques Boy, Christian Dudek, Sabine Kuschel
Projektmanagement
Grundlagen, Methoden und Techniken, Zusammenhänge
160 Seiten, A5, Hardcover mit Illustrationen und Grafik inkl. 1 Diskette (für PC und Mac geeignet)
DM 39,80/öS 291/sFR 38,80
ISBN 3-930799-01-4

Josef W. Seifert
Visualisieren Präsentieren Moderieren
176 Seiten, A5, Hardcover, zahlreiche Illustrationen
DM 29,80/öS 218/sFR 29,80
ISBN 3-930799-00-6

Vera F. Birkenbihl
Stroh im Kopf?
Gebrauchsanleitung fürs Gehirn - vom "Gehirn-Besitzer" zum "Gehirn-Benutzer"
180 Seiten, A5, Hardcover, mit zahlreichen Abbildungen
DM 29,80/öS 218/sFR 29,80
ISBN 3-923984-99-5
Bestseller: 31. Auflage
Über 250.000 Exemplare!

Lothar J. Seiwert
Das ABC der Arbeitsfreude
Techniken, Tips und Tricks für Vielbeschäftigte
80 Seiten, A5, Hardcover, mit zahlreichen Abbildungen
DM 24,80/öS 181/sFR 24,80
ISBN 3-923984-43-X

Günter Ederer, Lothar J. Seiwert
Das Märchen vom König Kunde
Service in Deutschland – Wüste oder Oase?
Das Strategie-Buch für kundenorientierte Unternehmen
288 Seiten, A5, Hardcover, 2-farbig, mit zahlreichen Illustrationen und Grafiken
DM 29,80/öS 218/sFR 29,80
ISBN 3-930799-47-2

Heirich Reinke-Dieter
Fordern und Fördern
Als Führungskraft Balance halten
176 Seiten, A5, Hardcover, mit Übungen, Checklisten, Selbsttest
DM 29,80/öS 218/sFR 29,80
ISBN 3-930799-23-5

Walter Simon
Die neue Qualität der Qualität
Grundlagen für den TQM- und KAIZEN-Erfolg
288 Seiten, A5, Hardcover, Arbeitshandbuch mit Checklisten
DM 39,80/öS 291/sFR 39,80
ISBN 3-930799-22-7

Für weitere Titel fordern Sie bitte unseren kostenlosen Gesamtkatalog an:
GABAL VERLAG, Tel. 0 69/84 00 03-0 oder in Ihrer Buchhandlung.

 **Business-Bücher für Erfolg und Karriere**

| Marketing & Verkauf | Kommunikation & Rhetorik | Lebenshilfe |

Peter Kerger
Werben mit Konzept Teil 1–3
Fachwissen, Tips, Checklisten
je ca. 150 Seiten, A5, Hardcover,
mit vielen Abbildungen, Praxis-
beispielen
je DM 29,80/öS 218/sFR 29,80
Teil 1: ISBN 3-930799-38-3
Teil 2: ISBN 3-930799-42-1
Teil 3: ISBN 3-930799-49-9

Kerstin Friedrich
Empfehlungsmarketing
Empfehlenswerte Leistungen
schaffen, Weiter-
empfehlungen auslösen,
Beziehungsnetzwerke
aufbauen
176 Seiten, A5, Hardcover,
mit Illustrationen
DM 29,80/öS 218/sFR 29,80
ISBN 3-930799-41-3

Peter Ebeling
Beraten und verkaufen
Neue Praxisgeschichten,
bessere Kundenpflege,
leseleicht: 5-Minuten-Methode
128 Seiten, A5, Hardcover,
mit Grafiken und Illustrationen
DM 29,80/öS 218/sFR 29,80
ISBN 3-930799-27-8

Harald Scheerer
Reden müßte man können
Selbstbewußt auftreten,
Persönlichkeit einsetzen,
Zuhörer begeistern
136 Seiten, A5, Hardcover,
mit Illustrationen
DM 24,80/öS 181/sFR 24,80
ISBN 3-923984-38-3

Michael J. Gelb
Sich selbst präsentieren
Mit Mind-Mapping und
Alexander-Technik
168 Seiten, A5, Hardcover,
mit Abbildungen und Übungen
DM 29,80/öS 218/sFR 29,80
ISBN 3-930799-07-3

Bertold Ulsamer,
Claus Blickhan
NLP für Einsteiger
Einstieg in das Neuro-
Linguistische Programmieren
80 Seiten, A5, Hardcover,
mit Illustrationen
DM 24,80/öS 181/sFR 24,80
ISBN 3-923984-47-2

Nikolaus B. Enkelmann
**Erfolgsprinzipien der
Optimisten**
Wünschen - Planen -
Wagen - Siegen
180 Seiten, A5, Hardcover, mit
zahlreichen Übungen, inkl. Audio-CD
DM 34,80/öS 254/sFR 33,80
ISBN 3-930799-51-0

Walter Simon
Rede nicht, handle!
Ziele setzen, Ziele erreichen
176 Seiten, A5, Hardcover,
mit Illustrationen und
Arbeitsblättern
DM 29,80/öS 218/sFR 29,80
ISBN 3-930799-36-7

Lothar J. Seiwert,
Friedbert Gay
Das 1 x 1 der Persönlichkeit
Sich und andere besser
verstehen, beruflich und privat
das Beste erreichen, das
DISG-Persönlichkeitsmodell
anwenden
144 Seiten, A5, Hardcover
4-farbig, mit Abbildungen
DM 29,80/öS 218/sFR 29,80
ISBN 3-930799-32-4

**Für weitere Titel fordern Sie bitte unseren kostenlosen Gesamtkatalog an:
GABAL VERLAG, Tel. 0 69/84 00 03-0 oder in Ihrer Buchhandlung.**

JÜNGER GABAL Audio-Selbstlernprogramme

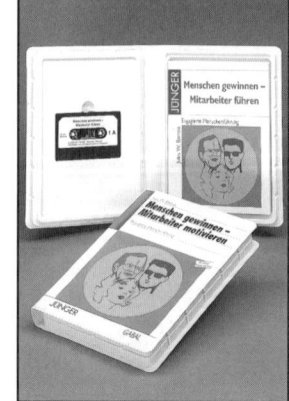

Rudolf Straube
**Mehr Erfolg durch
Harmonie**
Selbstentwicklung der
Persönlichkeit
2 Tonkassetten, Arbeitsbuch
ISBN 3-89467-216-1
DM 79,-/öS 577/sFR 74,-

Jules W. Barrois
**Menschen gewinnen -
Mitarbeiter führen**
1 Tonkassette, Buch 142 Seiten
ISBN 3-89467-278-1
DM 59,-/öS 437/sFR 56,-

Rudolf Straube
**Mehr Lebensfreude durch
Streßbewältigung**
Rasch und bewußt ein
streßfreies und somit
effektiveres Leben führen
2 Tonkassetten, Arbeitsbuch
ISBN 3-89467-286-2
DM 79,-/öS 577/sFR 74,-

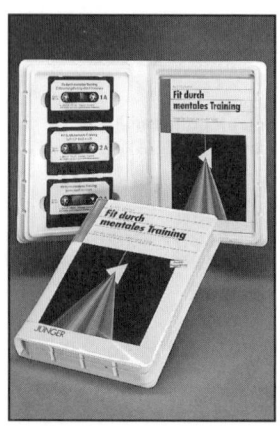

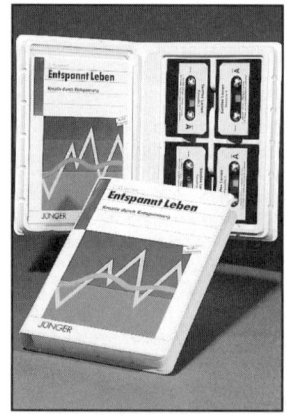

Bertold Ulsamer
**Fit durch mentales
Training**
Für den beruflichen und
privaten Erfolg
3 Tonkassetten, Begleitheft
ISBN 3-89467-132-7
DM 79,-/ÖS 577/sFR 74,-

Mummert + Partner
Entspannt leben
4 Tonkassetten, Begleittext
ISBN 3-89467-128-9
DM 79,-/öS 577/sFR 74,-

**Mehr Lebensfreude, Tatkraft
und Gesundheit**
2 Tonkassetten, Begleitheft ·
ISBN 3-927225-39-8
DM 49,-/öS 358/sFR 47,-

**Für weitere Titel fordern Sie bitte unseren kostenlosen Gesamtkatalog an.
JÜNGER VERLAG, Tel. 0 69/84 00 03-0 oder in Ihrer Buchhandlung.**

JÜNGER GABAL Audio-Selbstlernprogramme

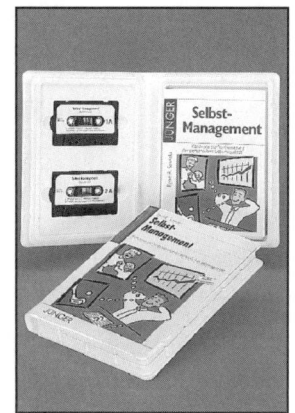

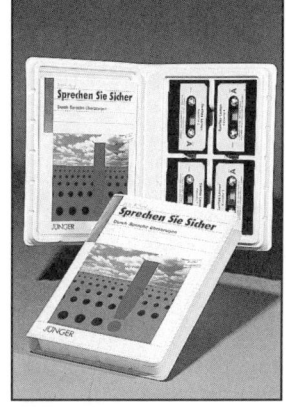

Vera F. Birkenbihl
Stroh im Kopf
Anleitung fürs Gehirn - vom
"Gehirn-Besitzer" zum
"Gehirn-Benutzer"
3 Tonkassetten,
ISBN 3-923984-66-9
DM 98,-/öS 715/sFR 91,-

Egon R. Sawizki
Selbst-Management
Konzepte zur Verbesserung der
persönlichen Lebensqualität
2 Tonkassetten, Arbeitsbuch
ISBN 3-89467-265-X
DM 79,-/öS 577/sFR 74,-

Peter R. Heigl
Sprechen Sie sicher
Rhetorikkurs, um Gespräche,
Reden und Vorträge sicher und
ausdrucksvoll zu führen
4 Tonkassetten, Arbeitsbuch
ISBN 3-89467-127-0
DM 98,-/öS 715/sFR 91,-

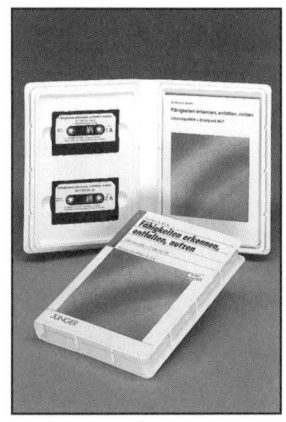

Herbert Namokel
**Die moderierte
Besprechung**
Arbeitstechniken und
Methoden zur Steuerung und
Führung von Besprechungen
1 Tonkassette, Arbeitsbuch
ISBN 3-89467-271-4
DM 59,-/öS 431/sFR 56,-

Winfried Erb
**Konfliktfreie
Gesprächsführung**
Konflikte auf konstruktive
Weise lösen
1 Tonkassette, Arbeitsheft
ISBN 3-927225-13-4
DM 39,-/öS 285/sFR 38,-

Susanne Köster
**Fähigkeiten erkennnen,
entfalten, nutzen**
Lebensqualität + Erfolg
mit NLP
2 Tonkassetten, Arbeitsbuch
ISBN 3-89467-217-X
DM 79,-/öS 577/sFR 74,-

**Für weitere Titel fordern Sie bitte unseren kostenlosen Gesamtkatalog an:
JÜNGER VERLAG, Tel. 0 69/84 00 03-0 oder in Ihrer Buchhandlung.**

Gesellschaft zur Förderung
Anwendungsorientierter
Betriebswirtschaft und
Aktiver
Lehrmethoden e. V

Bundesgeschäftsstelle
Hafenstr. 17 ¹/₁₀
55118 Mainz
Tel.: (0 61 31) 61 40-10
Fax: (0 61 31) 61 40-30

GABAL e. V. stellt sich vor

1976 gründeten Praktiker aus Wirtschaft und Hochschule die gemeinnützige GABAL e. V.

Der Vorstand der GABAL e. V. wird beraten durch ein Kuratorium, dem maßgebende Institutionen und Spitzenverbände der deutschen Wirtschaft angehören, z. B. das Institut der deutschen Wirtschaft (IW) in Köln sowie der Deutsche Industrie- und Handelstag (DIHT) in Bonn.

Ihr Nutzen

- Kontakte zu Unternehmen, Multiplikatoren und Kollegen, auch international
- Möglichkeit zur aktiven Mitarbeit in Regionalgruppen sowie regionale Seminarangebote
- Mitgliedersonderpreise für GABAL-Seminare und -Symposien sowie Train-the-Trainer-Seminare
- Sechsmal jährlich kostenfreie Belieferung der Zeitschrift „Wirtschaft & Weiterbildung" incl. der GABAL-Informationsschrift „Impulse"
- Jährlicher Gutschein über 75,- DM für Medien des GABAL-Verlags, darüber hinaus 20% Rabatt auf die GABAL-, PLS,- und JÜNGER-Medien

....

Infoscheck

Ja, ich will GABAL näher kennenlernen und erwarte Informationsmaterial

GABAL e. V.
Bundesgeschäftsstelle
Hafenstr. 17 ¹/₁₀
55118 Mainz

per Fax:
(0 61 31) 61 40-30

Name

Straße/Postfach | PLZ, Ort

Telefon | Fax

Bitte heraustrennen oder kopieren